Internet + Industries
Amalgamation and Transcendency

互联网＋产业
融合与超越

刘千桂◎主编

中国财富出版社

图书在版编目（CIP）数据

互联网＋产业：融合与超越／刘千桂主编．—北京：中国财富出版社，2017.2

ISBN 978－7－5047－6380－8

Ⅰ.①互…　Ⅱ.①刘…　Ⅲ.①互联网络—应用—传播媒介—产业发展—研究—中国　Ⅳ.①G219.2－39

中国版本图书馆 CIP 数据核字（2017）第 009509 号

策划编辑	刘　晗	**责任编辑**	白　昕　杨　曦					
责任印制	方朋远	**责任校对**	孙会香　孙丽丽　张营营		**责任发行**	张红燕	

出版发行	中国财富出版社	
社　　址	北京市丰台区南四环西路 188 号 5 区 20 楼	**邮政编码**　100070
电　　话	010－52227588 转 2048/2028（发行部）	010－52227588 转 307（总编室）
	010－68589540（读者服务部）	010－52227588 转 305（质检部）
网　　址	http://www.cfpress.com.cn	
经　　销	新华书店	
印　　刷	北京京都六环印刷厂	
书　　号	ISBN 978－7－5047－6380－8/G・0670	
开　　本	710mm×1000mm　1/16	**版　次**　2017 年 3 月第 1 版
印　　张	11.25	**印　次**　2017 年 3 月第 1 次印刷
字　　数	156 千字	**定　价**　32.00 元

序

2014 年 6 月 9 日，习近平总书记在两院院士大会上指出："抓住新一轮科技革命和产业变革的重大机遇，就是要在新赛场建设之初就加入其中，甚至主导一些赛场建设，从而使我们成为新的竞赛规则的重要制定者、新的竞赛场地的重要主导者。"此后，媒体融合战略、"互联网＋"战略以及系列政策相继出台。

新赛场在哪？如何成为新的竞赛规则的重要制定者、新的竞赛场地的重要主导者？在互联网领域，我们从战略性、全局性、根基性的角度出发，可以发现互联网发展的薄弱环节。众所周知，社会生产总过程包括"生产、分配、交换、消费"四个环节。互联网号称能颠覆一切，实际上，它着力于"分配"和"交换"环节，并牢牢锁定这两个中间环节，创新发展模式，引导消费升级，重构商业生态，控制核心资源，绑架实体经济。而在"生产"和"消费"这两个核心领域，互联网企业一直在觊觎，却从未能掌控，这两个核心领域才是互联网未来格局的制高点和战略高地，也是当前互联网企业发展的薄弱环节。在这两个领域，各行各业、传统资源、社会管理、社会服务是重要砝码，互联网企业没有发展优势。2015年，李彦宏在百度世界大会上指出："'互联网＋'时代没有内行，当线上线下融合在一起变成了全新的东西，这意味着'互联网＋'时代传统企业和互联网企业都需要转型。"

我们将视野放在经济发展领域。党的十八届五中全会公报中指出，通过"释放新需求，创造新供给"，"培育发展新动力"。2015年11月10日，在中央财经领导小组第十一次会议上，习近平总书记强调："在适度扩大总需求的同时，着力加强供给侧结构性改革，着力提高供给体系质量和效率，增强经济持续增长动力。"次日召开的国务院常务会议，也提出以消费升级促进产业升级，"培育形成新供给新动力扩大内需"。2016年5月9日，《人民日报》发表文章认为，"中国经济运行不可能是U形，更不可能是V形，而是L形的走势。这个L形是一个阶段，不是一两年能过去的"。2016年7月6日，习近平总书记在经济形势专家座谈会上指出："我国经济发展新常态的特征更加明显，必须坚定信心、增强定力，坚定不移推进供给侧结构性改革，培育新的经济结构，强化新的发展动力。"由系列论述可以看出，新常态下经济发展的核心是以需求为根的供给侧结构性改革。

"大时代需大格局，大格局需大智慧。"互联网发展的大格局融合经济发展的大格局，两者发展的核心都在于以消费为基础的需求侧和以生产为基础的供给侧，而供给侧的"生产"和需求侧的"消费"正是新一代互联网的制高点和战略高地。传统互联网是虚拟经济，而新一代互联网则将深度与实体经济融合，"帮助"而不是"破坏"实体经济的发展。

与此同时，2014年，各大网络巨头携巨资加紧布局O2O（Online To Offline，线下商务与互联网结合）模式，开始了新一轮的发展布局，打车类APP（应用程序），各类网络支付工具、社交工具等全面接入线下模式；2015年，在"互联网＋"利好政策的带动下，互联网开始全面融合传统产业。新一代互联网潜能巨大，正如马云所说："和2015年前比，我们很大；但和2015年后比，我们还是个婴儿。"但谁将笑傲江湖，还未可知，互联网曾经是门户网站的天下，雅虎也曾经笑傲群雄，十年后BAT（三大互联网公司，分别是百度、阿里巴巴、腾讯）未必在。在新一代互联网面前，传统的互联网企业并没有先发优势，各大互联网企业也在摸索中。"江山代有人才出。"在新的机遇面前，IBM（国际商业机器公司）让位给了微软，微软让位给了谷歌，谷歌让位给了Facebook（社交网络服务网站），如今BAT也正在经历着自身转型的阵痛。

互联网是一个高度融合的平台，互联网与产业的融合，更会超越传统的逻辑、商业规则，构建一个全新的商业业态，乃至新秩序。我们终将会迎来一个全新的世界。但我们必须认识到，互联网世界是由99.99%的皑皑白骨和0.01%的成功光环构成的，谁将跨越满地白骨，在新世界奏响凯歌，只能且行且看。

本书精选了一些案例进行解读，由北京印刷学院新闻出版学院2015级研究生撰写。这是一群具有活力的年轻人，他们站在互联网的最前沿，每时每刻感受着互联网、新技术带来的新冲击，他们的角度、视野、体验和建议，他们的感知、认知、创新和妙想，值得我们学习。当然，由于实践经验和理论功底的欠缺，难免会有这样或那样的不足；尤其是互联网行业发展一日千里，稿件刚完成就可能已过时；此外，对于各类研究成果和实践成果，我们力求标明来源，但难免有遗漏。诸如种种，敬请谅解。

本书的出版获"北京市教育委员会学科建设与研究生教育建设"项目资助，特此鸣谢。同时，感谢北京印刷学院各级部门和领导的支持，特别是新闻出版学院、研究生处和科研处的大力支持。

目录

滴滴出行，行走的大脑

靳帅帅

"互联网＋出行"市场从出租车打车市场逐渐向出行各个领域渗透，包括专车、拼车等，而移动互联网的发展加速了其渗透速度。在发展过程中"滴滴出行"无疑是"互联网＋"分享经济的代表，在三年时间内迅速成长为互联网一线企业。"互联网＋出行"既是新业态又有新问题，在给用户带来惠利的同时，产业背后的行业规范不完善、监管缺位等问题逐渐显露。

一、"互联网＋出行"概述

（一）"互联网＋出行"业态环境

2015 年 9 月，李克强总理在夏季达沃斯开幕式特别致辞中指出，目前全球分享经济呈快速发展态势，通过分享、协作方式搞创业创新，门槛更低，成本更小，速度更快。2015 年 11 月，党的十八届五中全会通过了《中共中央关于制定国民经济和社会发展第十三个五年规划的建议》，其中明确提出"实施'互联网＋'行动计划，发展物联网技术和应用，发展分享经济，促进互联网和经济社会融合发展"，分享经济进入了国家级的发展战略规划。

"分享经济"又被称作"共享经济",是社会资源重新配置的一种新方式,是通过互联网等媒介达到供求双方的直接连接,打破时间、空间、信息三维的一种新型商业模式,顾名思义就是因分享而创造价值,产生经济效益和社会效益。分享经济正在对我们的生活产生着革命性的影响。在很多本质上可以归结为 C2C(Customer To Customer,个人与个人之间的电子商务)供需服务的服务中,互联网正在消除一切中间渠道,包括公司和供应链。分享经济的本质在于为需求提供了直接的、无限的供给。换言之,在分享经济时代,供给唾手可得、无处不在。

分享经济本来是舶来品,随着国外 Uber(优步)、Airbnb(空中食宿)等分享经济的鼻祖纷纷进入中国,分享经济在中国也刮起了一阵旋风。事实上,在我国,网络预约出租汽车服务并不是最早的分享经济的代表,2003 年上线的淘宝网,便是分享经济的先行者。以淘宝网为平台,聚集众多零售商,为消费者提供商品。互联网为消费者搭建了需求与供给之间的信息桥梁。

自 2006 年出现首家专业租车网站以来,中国在线出行服务行业经历了"线下重资产 + 线上服务"向"互联网 + 分享经济 + 轻资产重服务"的转变,同时也实现了 PC(个人计算机)端向移动端的场景转变。2012 年起移动端用车服务模式大量涌现,主流的服务模式包括租车、拼车、代驾、出租车、专车(快车)、定制巴士等。移动互联网技术成熟发展以及智能手机普及应用为移动智能出行提供了基础,不论是国外的 Uber,还是国内的滴滴,都在某种程度上改变了乘客"路边招车"、司机"扫大街"的出租车运营方式,这些由市场孕育而生的"互联交通管理服务商"不仅为乘客出行带来了便利,也降低了出租车空车率,受到用户欢迎,覆盖率迅速由一线城市延伸到了三、四线城市。

根据艾瑞数据显示,截至 2015 年年底,中国移动端出行服务用户乘客数量总计接近 4 亿人，达到 3.99 亿人。而据易观智库《中国移动互联网数据盘点预测专题研究报告 2016》，报告分析认为移动出行市场在 2015 年全面爆发，市场规模达到 681.6 亿元，预计到 2018 年移动出行市场规模将达到 1675.7 亿元。[①]

可以说，"互联网 + 出行"抓住了目前出行市场的痛点，以北京为例，目前北京常住人口约为 3000 万人，而汽车保有量为 500 多万辆，在远远无法满足出行的情况下，交通拥堵情况十分严重。因此对现有资源的利用，满足日益增长的出行需求使得"互联网 + 出行"成了市场的爆发点。

（二）"互联网 + 出行"产业特征

互联网作为新媒介最大的特点之一便是"去中心化"，"互联网 + 出行"平台同样也是去中心化的，表现为不是由一个人或者由一个中心的操作师去调度全程。正是由于没有中心，所以它可以就近在任何一个区域内高效地促和。因此"互联网 + 出行"有以下特征：

第一，实时导航。采集车辆起讫点信息、实时行驶信息以及路段实时交通信息，基于实时预测、全城与全局优化，为车辆提供个性化、实时化的导航服务，为拥堵情形提供局部交通疏导与行驶方案，达到缓解交通拥堵的目的。

第二，服务供给实时调度。借助云平台超强的计算和存储能力，识别供给能力在不同区域与时段上的不平衡分布，预测不必要的供给短缺与过剩，将闲置的碎片化交通服务供给进行整合，并实施动态调度，为交通网转变为增值服务网奠定基础。

第三，出行者互动互助。服务平台有助于交通网和社交网的融合，为乘客提供"出行前、出行中、出行后"全过程的人性化服务。以拼车为

---

① 数据来自艾瑞资讯与易观智库。

例，在动态的叫车过程中，服务平台集中调度并优化司乘适配方案，达到最优化状态。另外，社交媒体的兴起，为乘客分享体验和发表意见提供场所。通过文本分析，有针对性地识别用户偏好，在此基础上，设计推荐算法，为合理选择出行方案提供便利。

第四，服务监管。服务平台能够对出行服务实现全程的监管，为评估司机信用与服务质量提供量化的依据。多源异构数据采集与融合技术，能够多维度、全生命周期地展示司乘人员的状态，是实现资质认证的基础。此外，基于大数据分析，可以实现反作弊监控。例如，针对司机与乘客刷单等一系列恶意行为，通过数据挖掘，甄别交易信息的真伪，设计出误伤率低的智能化反作弊算法，从而提高乘客的出行体验。

第五，移动支付。基于相对成熟的数字加密和安全交易技术，通过完善行业标准，建立移动支付生态环境。与服务平台的计费系统衔接，可以实现基于远程 ID（身份识别）的线上支付，包括微信支付、支付宝、百度钱包等。

第六，服务可达性。鉴于我国数字鸿沟指数居高不下，网络约租亟待考虑弱势群体在信息技术使用方面存在的差距。为此，可以借助可穿戴设备、语音识别或可视化等技术，改进软件的功能与性能，提高系统在各种情境和环境下的可用性及易用性。

（三）"互联网＋出行"市场细分

"互联网＋出行"市场开始之初，由原始形态的互联网售票开始逐渐向真正的出行市场渗透。目前"互联网＋出行"已经囊括了众多出行场景。其中不仅包括模式已经较为成熟的出租车、专车、快车，而且包含了代驾、顺风车、大巴车，甚至在向公交出行领域渗透。此外在 2015 年下半年滴滴出行发布"滴滴车站"，乘客和司机通过滴滴快的在线上完成呼叫服务后，滴滴线下提供车载运输服务，用于解决特定站点人流量密集的出行需求。

在可预见的未来"互联网 + 出行"的市场会继续细分，涵盖出行生活的方方面面，不仅仅包括用户的日常出行需求，还将包括货车、长途客车、房车，甚至轮船、飞机。在互联网时代，需求与供给的关系因为信息屏障的打破，即使是较少的需求汇集在一起也将成为巨大的市场，即长尾理论所阐述的现代市场规律。

二、滴滴出行 APP 产品运营分析

（一）产品定位

2012 年，滴滴打车软件在北京中关村诞生，并于 9 月 9 日正式在北京上线，此后便与正在火热发展的移动互联网行业相互交融，不断激发创新灵感。目前，滴滴每天为全国超过 1 亿用户提供便捷的叫车服务和更加本地化的生活服务。

在滴滴上线之初，平台为用户提供线上打车需求发布功能，线下乘车再由线上完成支付的 O2O 闭环模式，解决了用户乘车需求与司机之间的信息不匹配的供给结构问题，成为用户与司机供需信息交流的平台。但滴滴的平台又不同于购物网站平台的信息聚合，它依靠 LBS（基于位置服务）与数据分析定向向最合适的司机发布需求的方式，使得平台得以高效运转，用户得以高效出行。

随着滴滴在出租车领域奠定用户基础，其于 2014 年 9 月 3 日迈出了关键的一步，V3.1 版本"专车"功能上线。在出行领域从"深耕存量市场"向"开始发展增量市场"转变。滴滴开始向用户的不同场景进行覆盖，专车主要用户群体定位于对出行乘车有品质要求的人群。专车功能的上线不仅细分了出行市场，而且大大补充了司机用户数量，进一步满足了用户的

出行需求，在一定程度上弥补了司机用户数量较少的缺陷。

2015 年 5 月 27 日滴滴推出了 V3.9 版本，新增快车、顺风车、代驾功能。进一步将出行市场细分。快车定位于廉价版的专车，为用户提供了更加高效且经济的出行方式。而顺风车则是瞄准在上下班、节假日出行高峰期用户出行的需求，进一步提升了车辆的满载率。代驾车则是针对饮酒后等场景所设置的服务类型，满足了用户多样化的出行方式。

2015 年 9 月 19 日，滴滴推出 V4.1 版本，新增巴士服务，定位人群为拥有固定线路的上班族，增加了载客数量，减缓了上下班高峰期公交车的运载压力。该服务利用大数据技术为选择出行的人群进行线路规划，节省了出行成本。

2015 年 9 月 9 日，在滴滴成立三周年之际滴滴打车正式公布了全新品牌和标识，"滴滴打车"更名为"滴滴出行"并启用新标志——扭转的橘色大写字母 D。

经过三年发展，原品牌标识具象化的出租车形象已不能很好体现其业务发展。滴滴已经从单一的出租车软件，成为了涵盖出租车、专车、快车、顺风车、代驾及巴士在内的一站式出行平台。而一站式的出行平台也正是目前滴滴产品的定位。

（二）产品功能设置

1. 叫车功能模块

互联网产品优化升级背后的决策来自对用户价值、商业目标、技术实现三者的平衡，而滴滴的产品迭代也反映了背后用户价值、商业逻辑互相融合。

滴滴在 2012 年上线之初，采用语音下单叫车模式，虽然简单易用，但是缺点也较为明显。用户口音不同、说话不清晰、描述地点不准确等都造成了司机用户价值损坏。更为重要的是，大数据时代的到来，用户使用文本下单可以获得结构化数据，对于数据价值提升的认识是由语音下单转变为主要由文字下单的关键因素。

滴滴除了提供实时叫车服务，还提供预约叫车服务，但预约功能并不在主页面功能区，而是在叫车服务选项中，就目前来看，滴滴司机端的用户数量已经足够庞大，基本可以满足日常出行。预约功能主要服务于非常规时间段的出行与司机数量较少地区的出行服务。

在抢单模式上，订单根据用户的距离下发，距离近的司机先收到订单；抢单算法更加公平，第一个司机抢单后的 N 秒内，其他司机也可以抢单，根据所有抢单司机距离用户的距离等参数决定最终的订单归属。

2. 支付功能模块

在支付方式上，滴滴采用第三方支付（微信支付与支付宝支付）和银行卡支付结合的方式。在支付流程上，滴滴更加强调第三方支付，弱化现金支付。此外，用户在使用叫车服务后不必立即进行支付，即使移动支付账户暂缺资金同样可以使用乘车服务，用户可以根据实际情况选择空闲时间支付，更加方便了用户的出行。

在支付方式中，代金券与红包支付是滴滴支付的重要功能。代金券和红包除了在早期市场推广阶段立下汗马功劳之外，代金券折扣根据时段选择不同的折扣，在非用车高峰期折扣力度更大，一方面培养了用户的用车习惯，另一方面缓解了高峰用车的压力。

3. 订单管理模块

滴滴的订单管理模块包括查看订单、删除订单、支付、评价、打电话与投诉功能。查看订单与删除订单给予用户对订单进行管理的权利，使用户对自己的出行隐私更有安全感。投诉功能是订单管理模块的核心功能，作为出行服务行业，滴滴将面对来自用户对服务不满的投诉，此功能也是出行管理平台与用户信息的沟通桥梁所在，也是滴滴产品改善用户体验的重要渠道之一。

评价功能支持 5 分制打分，支持文字点评；既可以在"我的订单"里投诉司机，也可以在"未上车"里投诉。该评价分数将直接影响司机的接单数量，对分数较高的司机提供奖励措施，对分数较低的司机采取惩罚措施。评价功能是滴滴平台提高线下服务质量的重要手段之一。

4. 积分管理模块

滴滴设置积分商城功能区，可以通过积分兑换多种代金券，甚至可以订酒店、换电影票，结合 O2O 领域，扩展打车应用的使用场景。进一步发展，可以根据收集的用户目的地数据，为用户推荐附近的宾馆、饭店、电影院等，产生更大的想象空间。

与此同时，积分与账户等级直接挂钩，账户等级越高，获得的积分也会越高。因此积分的设置也是出行平台鼓励用户选择滴滴出行的重要措施。

5. 其他功能模块

在核心业务功能之外，滴滴同样开发了"绑定常用地址""通知朋友""开发票""应用推荐"等功能。对用户的细节需求不断进行优化满足，是产品深耕用户群体、把握需求的结果，这是对于旨在建设成为入口级的应用必不可少的要求。

（三）产品运行系统组成

滴滴出行是移动互联网端一款经典的定制服务智能系统。对技术具有较高的水准要求。用户产生订单，滴滴出行平台将订单传送至司机的过程中，不仅要求推荐算法准确、匹配效率高而且要求计算速度快、推送及时，只有如此才能提升用户质量和活跃度。

滴滴产品运行的系统主要包括：①智能匹配系统；②需求预测系统；③运能测试系统；④用户画像系统；⑤滴米系统。其中智能匹配系统、需求预测系统、运能测试系统是滴滴出行平台核心业务的系统功能组成部分，保障了滴滴出行服务的运转。基于滴滴出行平台的数据优势，用户画像系统根据对用户出行时间、出行线路、出行方式等数据进行分析，刻画出用户的需求画像，为用户提供和推荐更加精准的服务。滴米系统是滴滴出行推出的积分奖励系统，该系统是通过对大数据的分析和把握而推出的一种新的调度方式。滴米在司机端是以虚拟积分的形式呈现出来。对于司机来说，行驶里程多、道路状况好的"优质单"会扣除滴米，而对行驶里程较少、道路状况拥堵的"劣质单"的司机则会奖励滴米。高效的司机补贴系统很大程度上调动了司机的积极性，出租车的运能因此提升不少。基于大数据能够高效地调度订单，也是简单的纯现金刺激并不能彻底解决的问题。①

滴滴出行运行系统的有效组合是互联网出行相对于传统出行方式的核心优势所在，也是对美好出行方式有效探索的基础所在。

三、滴滴出行 APP 商业模式分析

（一）产品供应链

对于滴滴出行，首先是以技术为驱动的互联网企业，技术是公司的立足之本，是核心驱动力，服务器、产品架构、技术架构等是企业最为重要的竞争力。其次，把握电商平台运营的特点，熟悉其运营模式，熟练应用多种渠道推广产品，是滴滴出行服务链构建的关键所在。

从纵向来看车主和乘客通过滴滴出行构成了纵向的供应链条，从横向来看，在滴滴出行大数据收集和分析、乘客出行以及匹配方面，都存在横向辐射的协同合作。滴滴出行平台目前的业务链条主要分为三块：首先是与车相关的核心业务，例如专车、快车、顺风车等；其次是作为入口级别

---

① 来自百度百科：滴米系统。

应用的流量业务，例如滴滴积分商城、广告业务、游戏业务；最后是面向非C端的城市数据整合服务、金融服务、无人驾驶等业务。可以看到滴滴出行的产业链条是围绕其核心业务——与车相关的出行业务所展开的，形成了以用户数量为基础，逐步拓展其非核心业务的模式。

仅就滴滴出行核心业务而言其本质上是信息服务公司，信息处理与匹配是滴滴出行平台的核心功能。用户线上需求信息发布、司机线上接单、用户线下乘车、用户线上支付与线上评价构成用车O2O产业的闭环链条。在整个链条中滴滴出行平台所提供的是信息服务，并未提供传统意义上的租车服务，这也是目前滴滴出行平台与出租车公司最大的区别所在。

就流量业务而言，其积分商城（DiDi商城）是滴滴推出的战略级的电商服务平台。目前已有包括唯品会、百度糯米网、聚美优品、格瓦拉电影、尚品网等数十家企业入驻积分商城，覆盖用户"衣食住"的方方面面。从提供服务的类别我们可以看出，滴滴积分商城是对"出行"业务外的"衣食住"业务的战略补充。

就非C端业务而言，数据业务是其核心所在也是其优势所在。目前，滴滴出行每天处理的数据量已经达到了50TB（1TB相当于春运时期12306网站最大信息量的20倍）的量级。因此对于数据的开发利用不仅是优化出行体验的关键也是滴滴出行平台城市数据服务的价值所在。

（二）盈利模式

滴滴出行作为近年来现象级的应用，获得了来自投资方的巨额融资，其中包括腾讯与阿里巴巴。虽然目前在巨额补贴的情况下，盈利状况并不十分理想，但补贴的目的是增加用户数量构建生态基础，在产业壁垒建立后滴滴出行的盈利也为各方所一致看好。

就核心业务而言，不论是出租车、专车、还是顺风车、代驾，滴滴平台通过订单抽成的方式获得盈利。目前每单出行业务滴滴抽成20%，仅此一项每天的收入就在亿元以上。滴滴出行战略投资外面巨头"饿了么"之后，虽然还未在外卖领域有所行动，但未来亦将会是另一个盈利模式。

就流量业务而言，滴滴积分商城作为入口电商平台通过与各大电商平台合作获得流量费用或置换资源。除此之外，广告业务是滴滴出行收入的重要来源之一。除去"滴滴出行"APP开机大屏的广告之外，打车券广告也是滴滴利用各大社交平台传播的重要方式之一。另外，滴滴出行自媒体矩阵平台与各大商家平台的合作亦是重要的广告收入来源。游戏业务虽然是流量变现最直接的方式，但就目前来看其游戏业务并不是十分理想，滴滴团队已经宣布停止其游戏业务的运营。

就非C端业务而言，城市交通数据业务、金融业务都是重要的收入来源。城市交通大数据业务主要面向规划设计单位、城建局、交通部等单位，而金融业务主要通过司机收入资金（司机收入采用周结模式）沉淀、乘客资金沉淀开展金融业务。虽然滴滴出行目前在研制的无人机技术并未实现商业化，相信此业务在将来也会是其盈利模式的重要补充。

（三）发展困境

1. 政策困境

2015年10月10日，交通运输部公布了《网络预约出租汽车经营服务管理暂行办法（征求意见稿）》。《暂行办法》限定了专车的发展定位，采用了严苛的平台、人、车准入条件，强调私家车禁止做专车，并对数量进行管控。可以说伴随着滴滴平台的兴起其争议便一直未间断过，其推出的专车、快车、顺风车业务触碰了传统出租车公司的利益，加之国家尚未出台相关规定对其性质做出明确定义，因此其合法性尚未得到国家的认可。

2. 盈利困境

虽然滴滴出行平台目前的盈利模式多种多样，但模式发展相对并不成熟，与其他打车平台的烧钱大战亦在进行。因此在高额补贴过后，面对司机收入下降、用户消费增加，如何稳定市场，形成良性的盈利模式是滴滴平台所面临的最重要的问题。

3. 用户体验困境

滴滴出行在加入专车、快车等模式后，由于司机并未受到专业训练，对路线不熟悉，造成乘客等待时间较长或者司机不认识路线等问题突出，严重影响了用户的出行体验，甚至有用户在取消订单之后遭到司机的骚扰。因此以"让出行更美好"为宣传口号的滴滴出行需要继续提升用户体验，让出行更美好。

四、总结

就目前来看，滴滴出行从单纯的出租车信息服务平台到综合出行平台，从供应链到生态圈，滴滴出行并非在做一个垄断实体而是一个健康的生态体系。

在未来，滴滴出行平台将通过与成千上万的出租车公司、汽车租赁公司、劳务代驾公司、旅游公司、公交集团等合作，管理和服务数百万乃至上千万的司机和车主，服务上亿的乘客用户。未来滴滴还将进一步向传统行业渗透，例如进入汽车的售前和售后市场，与汽车厂商、汽车售后市场的服务商共同合作，打通整个产业链的上下游，提高整个产业的效率，与合作方共同创造更大的价值。

作为一个出行平台应用，未来滴滴出行也将全面涵盖出行领域的各种场景和需求，提高出行效率是滴滴未来的发展方向，也是其当下的发展目标。

参考文献

［1］闻博，宋豆．移动支付视阈下新商业模式探究——以"滴滴打车"为例［J］．对外经贸，2015（4）：101 –102.

［2］侯景雷．网络约租车阵痛中前行［J］．互联网经济，2015（11）：16 –19.

［3］王志刚，赵明浩．打车应用：如何从烧钱到赚钱［J］．互联网经济，2015（4）：12 –15.

［4］祁娟，熊燕舞．"互联网＋"时代的出行蓝图［J］．运输经理世界，2015（11）：26 –29.

"互联网＋出版"，产业新业态

孙晓萌

2015 年 3 月 5 日，李克强总理在政府工作报告中明确提及"互联网＋"概念，凸显了互联网思维与互联网技术在各个产业中的重要地位。

近年来，通信、交通、餐饮、购物等各种产业在互联网环境中逐渐形成了新的产业格局，探索出了新的商业模式。相比之下，出版产业开始受到互联网冲击的时间更早，应对之路也更加艰难。网络技术的发达使得各种形式的内容获取更加容易，网络资讯的强时效性对新闻类报道形成挑战。在这种情况下，人们对于资讯和知识的刚性需求不可避免地削减，最终造成出版市场的整体萎缩。

2015 年 4 月，财政部与新闻出版广电总局下发《关于推动传统出版和新兴出版融合发展的指导意见》（以下简称《指导意见》），明确了推动实现融合发展的政策措施，并对产业融合的实施给出了指导意见。《指导意见》的公布，再次说明了国家层面对于出版产业的重视以及给予的政策支持，更表明了出版产业在"互联网＋"大环境下依然任重道远。

一、"互联网＋"对出版产业的重构

（一）技术影响阅读行为，需求拉动新兴市场

智能手机及各种移动电子阅读设备在经历了数年的迅速普及化进程以

后，目前已经拥有了庞大而稳定的用户规模。这为数字出版市场奠定了坚实的硬件基础。而软件方面，数字阅读用户主要经历了两次大规模的阅读风潮。

第一次数字阅读风潮的主角是阅读类 APP。伴随着智能手机市场的壮大，用户对阅读类 APP 的需求提升，手机阅读接触率不断走高（图 1）。阅读类 APP 开始着力抢占出版市场，通过个性化的阅读设置、低廉甚至免费的阅读内容和不断优化的阅读体验吸引读者，逐渐成熟后便开始铺设自己的付费内容经营之路。根据豌豆荚提供的下载数据，目前拥有用户量在50 万以上的阅读软件不少于 20 个。2008 年诞生的掌阅 iRreader，2010 年的多看阅读、熊猫看书等 APP 下载用户已突破千万，其中，掌阅 iRreader 以 1.3 亿的安装人次成了最具人气的阅读 APP。

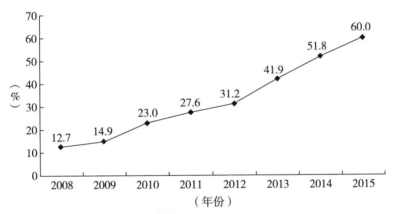

图 1　2008—2015 年历年手机阅读接触率

数据来源：第十三次全国国民阅读调查。

此后，以微信为代表的社交媒体带动了又一次的阅读风潮。随着各种类型的订阅号、服务号的出现，微信除了社交属性外，表现出了越来越强的内容生产和推送能力。目前，习惯于在微信上进行阅读的群体越来越庞大。2015 年我国成年国民日均手机阅读时长首次超过一小时。其中，人均每天微信阅读时长为 22.63 分钟，较 2014 年的 14.11 分钟增加了 8.52 分钟。由电子书到微信文章的转向，也表明了受众阅读习惯上的进一步碎片化。

碎片化的阅读习惯是一种倾向于"快餐化"的行为习惯。在这种阅读行为中，人们的阅读几乎没有计划性，阅读目的更多地倾向于消遣娱乐而非学习。这是因为学习型阅读需要读者精力高度集中，并且具有较强的计划性和系统性。而碎片化阅读的特点更加适合内容浅显、以趣味性为主的内容。据第十三次全国国民阅读调查结果显示，在手机阅读接触群体中，最喜欢的电子书类型为"都市言情"，其后是"文学经典""历史军事""武侠仙侠""玄幻奇幻"等。这一调查结果也印证了上述观点。

无论是设备上的革新还是应用上的创造，技术手段的进步正在引领着人们阅读习惯上的不断变化。而这种新习惯的建立，同时意味着数字出版产业新兴市场的诞生。目前，大多数阅读类APP目前已经和出版社或者网站、作者进行了不同程度的合作，它们既是内容运营商，也是渠道和平台。这意味着，原本在内容资源方面比较薄弱的阅读类APP已经不甘于占领出版产业链的下游市场，而是更加积极地开拓上游领地，建立更加健全的产业链。就数字出版市场整体来看，这种良性竞争有利于规范出版流程，盈利模式较为清晰，并且在一定程度上避免了各阅读平台的过度同质化。

（二）"互联网+"在出版流程中的全程参与

所谓"互联网+出版"，不是简单地把互联网与出版产业做一加一的加法。这种结合应该从思维和实践两个方面有所体现：不仅将互联网思维中的开放、共享、互利、互动等元素置入出版产业中，还要切实地运用互联网对出版的各个环节进行渗透。

对于读者而言，互联网带来了更加多样的阅读选择。硬件方面，不仅各类手持移动终端支持阅读，专业化的阅读设备也在不断推陈出新，产品性价比不断提升。软件方面，各种阅读类软件不断优化配置，提升用户体验，并且积极搭建自己的内容平台，为用户提供内容上的更多选择。

对于出版机构而言，互联网带来的改变更是覆盖了出版的各个环节。在出版物的源头，也就是选题策划方面，互联网为传授双方提供了对话和发现的平台。市场对于出版物的需求和反响在读者的讨论中变得更加具象。去中心化的网络特性为新作者提供了发声的空间。数字化的内容格式为组稿、审稿、排版等过程节省了人力物力，降低了由物流、库存等问题带来的成本，同时催生了自出版、众筹出版等新的出版模式。后期的图书营销过程中，互联网更是起到了愈发显著的助推作用。

一个出版物的诞生，需要经过一系列的复杂过程，互联网的出现，既是对这些环节的简化，也是对这些环节的优化，这正是技术对于产业推进的意义所在。除了对既有模式的改进，物联网对于出版的影响还在于它为出版产业带来的新气象，例如阅读介质的创新、社交元素的融入、个性化的设置等。

二、"互联网＋"环境下的出版新模式探索

（一）自出版：出版的平民化之路

自出版概念由来已久，但关于此概念具体的界定，业界并未形成统一的标准。在此，自出版是指作者跳过出版社等第三方出版机构的参与环节，直接面向读者受众的出版形式。在此过程中，一切关于出版物的制作、发行、宣传环节皆由作者自行控制。这种模式主要有以下几个特点：其一，出版内容、主题较自由；其二，作者自主性强，全面把控各个流程；其三，操作全程自助，环节相对简单。

豆瓣阅读是国内较为典型的自出版平台。它为作者提供了作品的展示

空间，通过审核的作品，均可拥有自己的展示平台，并定价销售。通常依据作品题材和篇幅进行定价，收入由作者和网站进行分成。

这种自出版的模式，大大提升了出版的自由，降低了出版的门槛。同时由于内容的多样性，一定程度上填补了部分小众需求市场的空白。当然，准入门槛的降低同时也表明作者的专业化程度普遍不高，因此这种模式与核心市场之间存在较大的距离。

（二）众筹出版：互联网＋出版＋金融

众筹模式作为一种资金筹措方式已非新鲜事物，在这种模式中，众筹发起者对投资人做出承诺，根据投资人注入资金的数额给予相应回报，回报的形式既可以是精神上的（如参与制作环节、优先享有作品的权利、与作者进行接触等），也可以是物质上的（如折扣价格、实物回报等）。出版物的众筹，除了简单的资本运作，还包括了出版物本身的社会属性和价值内涵，并且需要便利的互联网支付手段和可靠的信用体系作为基础。

目前，众筹出版模式已经塑造了许多成功的范例。2013 年出版的《社交红利》，在首次印刷之前就通过众筹模式预售了 3300 本，仅用两周就募集到了 10 万元书款。2014 年，众筹网页面上一个名为"字里行间"的项目创造了出版众筹行业的奇迹：50 万元的项目筹资目标，24 小时成功众筹 100 多万元，引发了用户和业内人士的广泛关注。通过众筹模式，这些作品在面市之前就提前实现了资金的回流，其中一些甚至在出版之前就收回了成本。对于出版社而言，这些未印先卖的书籍，减轻了库存压力。对读者而言，众筹带来了更加优惠的价格和参与出版环节的体验感。多方利好使得众筹出版取得了不错的市场反响。

比起单向、封闭和静态的传统出版，基于互联网的众筹出版具有互动、开放和参与等特征。众筹出版需要有合理的、具有吸引力的回报，但也需承担相应的风险。网络环境为众筹出版提供了生长的土壤，让待出版的作品像一粒种子一样，在资本的运转和市场运作中生根发芽。这也是出版产业与互联网及金融合理形成的一种模式。纵观目前我国众筹出版的成功案例，从题材上看，其中存在着大量名人出书、互联网题材、创业题材等书目，这些题材本身也是畅销书的阵地，因此它们取得的成功并不能完全归因于众筹模式。而目前的众筹平台，如众筹网、追梦网等盈利模式非常单一，多数还处于亏损状态，因此，众筹模式的确为出版物的发行提供了一种新的可能性，但它并非出版产业的一剂灵丹妙药。

三、融合与发展："互联网＋"环境中的传统出版

伴随着数字出版的崛起，传统出版业感受到了前所未有的危机感。书报刊收入大幅下降，实体书店、报刊亭纷纷倒下，这些现象的背后是整个出版产业的萧条景象。为了应对危机，传统出版社、报社等机构纷纷进驻社会化媒体，或与数字出版机构进行合作，尝试着完成数字化转型。"做数字出版就是找死，不做就是等死"的论调成了行业共鸣。

对此，笔者认为，不必将数字出版作为传统出版的对立面。"互联网＋"虽然为出版产业开拓了一条新路，但这并不意味着出版产业要全面转移到互联网阵地而放弃传统出版产业和线下部分。相反地，它可以更好地为线下的产业服务，实现产业价值的进一步增值。当然，这种价值增值要建立在对互联网思维的正确理解和对机遇的正确把握之上。

（一）正确理解和运用互联网

互联网对于传统出版机构的利好，不仅体现在技术层面。在进行内容的数字化编辑的同时，树立良好的品牌形象同样重要。

单向街书店就是一个典型的例子。作为实体书店，它不仅借助互联网的东风提高自身的知名度，同时保证了线下活动的运转。在线上，它

不仅局限于微博、微信等自媒体的营销活动，更推出了"微在""单读"等一系列风格鲜明、特色突出的 APP，并且围绕这些 APP 展开多方位的推广。仅"微在"为主线的新媒体，就包括了 APP、网站、微信公关平台、微博、豆瓣等多个子产品。而线下，有趣的沙龙和咖啡馆的经营为单向街的又一特色。可以说，单向街利用线上线下的融合，有效地建立起了自身的品牌形象，并且吸引了一大批追随者，在实体书店遇冷的大背景下，走出了一条成功的商业化之路。取得这样的成功，与它对互联网环境的正确理解和把握密不可分。

（二）把握机遇，实现线上线下互动

敏锐的市场嗅觉对于出版产业来说至关重要，在互联网环境中更是如此。对于新生的出版物或作者，善用网络可以短时间将其认知度提高。而对于已经享有市场号召力的作品来说，新的契机依然可能变成引爆点。2015 年 7 月 18 日，数万名"稻米"（《盗墓笔记》书迷）聚集长白山，只为赴书中主人公的"十年之约"。《盗墓笔记》系列包括实体书九册，由中国友谊出版社、吉林时代文艺出版社、上海文化出版社在 2007 年到 2011 年陆续出版。然而，面对如此轰动性的群体事件，这三家出版社却没有把握住机会，组织相应的活动。

在这次事件中，"稻米"们通过网络自发发起了一系列活动。一位 16 岁女孩通过网络发起的"万人签名，长白之约"活动，获得了各地"稻米"的热烈响应。这充分说明了互联网对于读者热情调动和事件制造中起到的巨大作用。如果能由出版社出面进行更加系统的组织，相信可以产生更大的影响力，再一次扩大《盗墓笔记》系列的市场空间。可惜的是，出版社并没有预见到这次事件的价值，把握住这个绝佳的机会。

综上所述，传统出版与互联网环境下的出版不但不是对立的，而且是可以良性竞争、相互促进的。互联网为出版打开了更广阔的内容来源渠道，为出版的各个环节提供了便利。而在竞争更强烈的市场中，传统媒体以往的内容优势逐渐削弱，这就对书籍的视觉效果和品质提出了更高的要求。同质化的内容中，艺术性更强、收藏价值更高的书籍，依然会占有相应市场，甚至更具升值空间。

四、总结

出版产业从业者应该意识到，互联网对于出版产业是一把双刃剑。它为出版带来了新的模式和市场，同时也引起了版权保护、作品管理等方面的诸多问题。面对互联网浪潮的来袭，出版产业已经在积极调整对策，应对问题。对互联网的过度依赖和排斥都不利于出版产业的持续发展。要开拓"互联网＋"下的良好业态，需要从行业角度辩证地看待互联网，在利用互联网服务出版业的同时，尽量避免随之而来的问题。

传统出版进入互联网环境，必然会面对新环境带来的种种困难，但同时也充满了新的机遇。但总体来说，"互联网＋出版"是出版业进一步发展的必然方向。出版行业和出版业管理部门不仅应当顺应时代发展，利用好政策扶持和社会支持，更应当勇于开拓创新，并对国外的成功模式进行合理借鉴和学习，令出版产业在"互联网＋"环境下焕发新的活力。

参考文献

［1］中国新闻出版研究院．第十三次全国国民阅读调查［R］，2016.

［2］刘彬．众筹：出版行业新思路？［N］．光明日报，2015－01－30（9）．

［3］范军，沈东山．众筹出版：特点、回报和风险分析［J］．中国出版，2015（1）：19－23.

网易云音乐，听见好时光

邓秋黄

随着移动互联网在国内的迅猛发展，移动音乐作为国内很受欢迎的娱乐休闲方式之一也得到飞速的发展，其中包含 QQ 音乐、酷狗音乐、酷我音乐等在内的全用户覆盖的音乐软件，也有类似网易云音乐、虾米音乐等在内的有着较高用户针对性的音乐软件。

一、网易云音乐 APP 产品分析

（一）网易云音乐的 UGC 属性

网易云音乐是一款专注于发现与分享的音乐产品，依托专业音乐人、主播电台、好友推荐及社交功能，同时也是网易公司在移动互联网领域的重要布局，而作为音乐领域的后起之秀，网易云音乐的定位是"移动音乐社区"，并以歌单为核心的组织方式强化用户 UGC 社交属性。

UGC（User Generated Contect）即用户原创内容，最早起源于互联网领域，是伴随着以提倡个性化为主要特点的 web 2.0 概念兴起的。由原来的以下载为主变成以下载和上传并重的用户使用互联网的新方式。由此可以看出，随着互联网运用的发展，网络用户的交互得以体现，用户既是网络内容的浏览者，也是网络内容的创造者。

音乐是人类表达情感、抒发情感最好的通道。就拿网易云音乐 APP 来说，为爱好音乐的用户提供了一个平台，每个用户可以围绕软件里面的每一首歌，在歌曲中找到共鸣，从而表达出真实的想法，在评论区留下自己听到这首歌时的所感所悟。还可以在评论区中看到有趣的评论进行回复，从而使用户与用户之间产生交流，加强彼此的联系，让每一个用户心里都能产生情感依赖。网友隆隆君在知乎（一个真实的网络问答社区）就曾留言道："在网易云音乐 APP 里的每首歌曲下的评论都有很多故事。有时候你能在那些故事中看到曾经的自己。你也可以和大家分享自己的故事，慢慢地你会觉得，有那么多人都在和你听一样的歌曲，那种感觉，真好。"业界也分析出，这一点也是网易云音乐如今在众多音乐类 APP 中脱颖而出的原因。

（二）网易云音乐 APP 的主要特点

1. 大牌主播为你推荐音乐

主播包括人气歌手、主持人以及知名音乐人。主播节目以十几分钟的音频为形式，类似轻量级的电台节目，但会在页面中显示该节目包含的歌曲信息，可以直接收藏这些歌曲。

2. 各类主题的歌单

应用首页展示了各类歌单和推荐主播电台，有比较熟悉的榜单，也有主题性质的歌单，比如《滚石最伟大的英文歌曲》《看球听歌》等。此外还包括人气歌手推荐的自己喜欢的歌曲。

3. 融合社交元素

一般音乐产品最头痛的事莫过于没有社交链条，但网易云音乐让用户通过绑定手机通信录、新浪微博，发现认识的人，关注对方后便可以看到朋友的音乐行为。还可以在通信录里邀请联系人使用网易云音乐。

4. 添加地理位置功能

用户可以查看附近在使用网易云音乐听歌的用户和他在听的曲目，也可以添加到自己的关注列表中。

5. 强化用户自建歌单

由于产品引导用户绑定了账号，让用户自建歌单显得方便了很多。另外，只有进入了歌单才能下载。因此，鼓励用户生成内容的行为也增加了用户黏性。

（三）"动心音乐，时刻与你相伴"

这句话是网易云音乐下载页面中打出的口号。同时，在其下载页面中还有代表着网易云音乐的 5 条特征。

1. 500 万曲库，首首 CD 音质

囊括百万首 320kbps 超品质音乐，你用手机听歌时也能感受到 CD 音质，更能免费离线收听。

2. 主播电台，人人都是声优主播

明星、音乐、脱口秀、情感、综艺、有声读物……汇集海量优秀电台，更可免费下载随时随地收听。

3. "聪明"的私人 FM，只给你最对味的音乐

根据你的听歌口味，为你推荐喜欢的好音乐，只需一键开启，好音乐精彩不停。

4. 社交关系，发现全新音乐

你可以关注明星、主播和好友，通过浏览他们的最新动态、收藏和分享，发现更多全新好音乐。

5. 手机电脑，歌单实现同步

只要一个账号，你就可以同步在手机电脑上创建、收藏歌单，随时随地畅享好音乐。

二、网易云音乐 APP 的系统分析

网易云音乐 CEO（首席执行官）丁磊曾在一个音乐论坛上透露，网易云音乐成功的一个重要原因就是抓住了"绝大部分国人在听歌的时候不会自主搜索"这一点，网易云音乐团队在前期对中国用户的收听习惯做了非常多的调研。另外还有一点就是"全世界每年的音乐产量中中国人大部分每年只听到其中的千万分之一"，四五十首不超过一百首的样子，不是千分之一也不是万分之一，而是千万分之一。所以说中国人听歌的渠道很匮乏，包括一些主流的音乐 APP 里的曲库也不完善，乐迷们可供选择的范围不是很宽泛甚至可以说是略窄，然而网易云音乐就在慢慢改变这一状况，为广大乐迷打开一扇通往一个更广阔世界的音乐大门做足了准备。

（一）发现功能

一打开网易云音乐的界面，第一栏就是"发现音乐"，滑动界面中就会有"新碟首发"，在这里你可以聆听最新的音乐大碟。一般出现在"新碟首发"的新专辑都是备受期待的比较大牌和知名音乐人的专辑作品，窦靖童的首张专辑在 2016 年的 4 月 22 日发行，然而才四天的时间，对主打歌《My Days》的评论就超过了 4000 条，并且评论数增加迅猛，按照平均每分钟两条新增加评论的速度递增。在网易云音乐中，一般评论超过 999 + 的歌曲就算是热门歌曲，可见背后折射出网易云音乐在让广大用户看到新专辑的速度方面很迅速，执行力很高，同时也反映出聚集在网易云音乐的乐迷人数充足，其活跃度也很高。

（二）个性化服务

现在的网易云音乐的个性化推荐页面也涵盖了多样内容。以 IOS 平台

版本为例，网易云音乐的界面在中间会有三种类别以圆圈代表，分别是"私人 FM""每日歌曲推荐"和"云音乐新歌榜"。这三类看似不相干，其实共同点都是在为用户推荐更多更好的歌曲，让用户有更多的选择。

1. 私人 FM 功能

打开私人 FM，又分为两个部分。第一部分是根据用户平日收听歌曲的类型推荐更多同类型风格的歌曲，例如我平时经常听日本某一乐队的歌曲，那么私人 FM 就会为你播放这个日本乐队其他专辑的歌曲甚至日本其他乐队的歌曲。不同的用户在私人 FM 中会听到不同于其他人的歌曲，但每个用户都能听到适合自己的音乐，更不用浪费时间听自己完全不感兴趣的歌曲。在这个部分，网易云音乐做到了个性化服务，服务很人性化，用户具有很高的用户体验。

第二部分，也是一个大亮点，就是跑步 FM。如今，健身、跑步等体育锻炼已算是当下的热门领域，国人越来越关注身体的健康，它逐渐渗透到我们的生活中，在以前的公园中，大多是老年人的身影，而如今公园里年轻的身影越来越多，也有越来越多的人加入到马拉松的队伍里。跑步时听歌是当下的新潮流，也是达到调节心情、缓解压力的有效方法之一。一个人跑步的时候会感到孤单，特别是长距离跑步，听听歌可以达到陪伴的目的。网易云音乐将根据用户的步频播放适合的歌曲，当用户刚开始跑步的时候，耳机里传来的歌曲就是舒缓的歌曲，当用户跑到很兴奋时，就会换到亢奋的歌曲。这样自己的步伐和音乐的节奏是一致的，也解决了以往用户在跑步中遇到跑步步伐与音乐节奏不匹配的问题，这样既不会打乱自己的跑步节奏，乱了阵脚，更避免了在跑步途中停下来更换音乐的麻烦。私人 FM 的推出，代表着网易云音乐在音乐社交化、音乐媒体化之后，开始把细功夫用在了每一个用户身上。这是目前在线音乐同质化的一个突破口，但始终没有脱离网易云音乐一直以来的基础产品策略——"给用户最舒适的体验"。

2. 每日歌曲推荐功能

每日歌曲推荐的标语是"根据你的音乐口味生成,每天6:00更新"。里面一共有20首歌供用户选择,这些歌基本上都是用户经常收听的歌手的歌曲,用户感兴趣的可能性更高,也突出了网易云音乐的个性化服务。

3. 云音乐新歌榜功能

云音乐新歌榜里面共有100首歌,包含华语歌手、港台歌手、外文歌手等。现在云音乐新歌榜单的订阅歌单量已突破20万人次大关,有8199条评论,转发量2810(截至2016年4月25日),可以看出用户对新歌榜的关注度很高。在其他类别里,网易云音乐推荐的歌对于一些用户虽是第一次听到,但是其实歌曲所在的专辑或者单曲已经发行很久了。在这个类别里,对于每一个用户而言都是第一次听到,具有强烈的新鲜感。在100首歌曲前面还会有标有代表"上升"的红色小标签、代表"下降"的蓝色小标签或是代表"持平"的灰色小标签。在这些小标签后面还有具体数字,代表上升、下降或是持平了多少位,让用户能更清晰地看到这些新歌的收听趋势,让用户更加准确地进行选择。

(三) 多元化发展

1. 独家放送功能

独家放送选项里面的"超级面对面""一周热评""网易音乐人"等与音乐相关的栏目,让用户可以在听歌之余更加深入地了解到音乐人创作的趣事以及背后的故事。

2. MV 欣赏功能

在"推荐MV"里面便可以欣赏到很精彩的MV。让歌曲在丰富的人物塑造和精彩的故事中更加立体,具有触动感,就像在唯美爱情剧中,男女主角的动人感情戏配上扣人心弦的背景歌曲,观众便能够更好地融入剧情，甚至在看完电视之后，还会搜索电视剧的歌曲背景。好的歌曲都是走入了听者的心，歌曲并不是孤立的，它其实是在与听者互动，在与听者交流，然后听者给予反馈。

3. 主播电台推荐功能

"主播电台"也是网易云音乐多元化发展的产物。其中包括明星做主播、创作/翻唱、脱口秀、美文读物、音乐故事、情感调频、有声小说、人文历史、外语世界、二次元、旅途/城市、娱乐/影视、3D/电子、校园/教育、亲子宝贝、广播剧、相声曲艺和我要做主播等，内容丰富，将很多线下活动拉到了网易云音乐的线上活动中。

三、网易云音乐 APP 的用户体验

在一些歌曲的评论中可以看到，很多用户喜欢网易云音乐 APP，甚至强烈推荐给身边的好友，认为它是音乐界的"业界良心"。知乎网上抽取了一些留言，可见一斑。赵同学谈到有一天网易云音乐突然给他推送一条消息说他想要的歌词找到了。阿瑞认为有质感的黑白红系搭配，整齐划一的 UI 风格，无缝对接的全平台，有潜力的社交元素，耐心以及贴心的客服，都是业内的良心巨作。在这个进展飞快的互联网时代，网易的动作仿佛都有些慢，但只要去做，都是沉下去做的，从不急于去侵占市场。即使以后收费了，很多用户也会毫无疑问地付费，继续受益于这个好产品。小王反映网易云音乐 OEO 丁磊是重度音乐发烧友，每天都要听几个小时的歌。他想有一个好用的 APP，这个深层次的原因决定这个产品是用心做出来的而不是泛泛的。中某介绍到有个朋友在听了系统推荐给他的歌单后说："我以后一定要娶一个像网易云音乐一样懂我的女孩。"Chan 感叹道："客服，找歌以及聊天功能真的很棒，真的是有作为上帝一样的用户尊严。各种反馈真的是在认真

处理，找歌词修封面什么的，自己喜欢的小众歌曲，日系歌什么的，收到私信汇报真的是蛮开心的吧。手机端的界面更加人性化了。很多小细节的地方一直在进步，让人真切感受到网易云音乐的诚意。"

四、网易云音乐 APP 的盈利举措

（1）打开网易云音乐 APP，首先会有广告页面，2 秒到 4 秒的停留时间。

（2）在开始界面中有推广广告。

（3）网易云音乐推出"订购专辑"的付费服务。例如歌手牛奶咖啡推出了一首新歌《暖春》，同时推出的还有推动售卖的福利，在 2016 年 4 月 28 日之前购买数字单曲的用户将有机会获得签名版手绘明信片（随机抽）；粉丝榜前十名用户，将各获得签名版手绘明信片一组。售价 2 元一张的专辑截至 4 月 25 日，已售出 16263 张，说明用户对付费订购专辑并不是十分排斥，市场还是很巨大的。

（4）网易云音乐目前推出了付费音乐包。分为"包月"和"单曲购买"两个部分。

（5）网易云音乐还推出了在线听歌免流量。出门在外，没有无线网的时候，听歌会耗费流量，有时候会担心流量是否超量，然而有了畅听流量包，只要是在 2G/3G/4G 情况下就可以随时随地欣赏任何一首歌，具有很好的用户体验。

五、总结

综上所述，网易云音乐 APP 作为音乐类软件的后起之秀，从该产品 2013 年 4 月 23 日正式发布至今如此短时间内获得这么多追随者，并成了

"业界良心"的代名词，与它作为移动端原生应用有很强的关系，产品本身有很强的移动基因，所以用户在移动端有更强的使用意愿，从而拉升活跃用户比重。APP 里的发现功能和音乐评论，加强了用户黏性，使用户依赖这种模式，实现了用户从认知到安装再到钟爱的成功转化。对网易云音乐抱有很大的期待，相信它一定会在迈向国内最好的移动互联网音乐类APP 的道路上走得更远。

咕咚 APP 的盈利模式探析

杜振亚

近年来，移动应用的发展与普及导致 APP 朝着更加多元化和分众化的垂直领域发展，受众市场越分越细，运动健身类 APP 应运而生，而且发展势头迅猛，不容小觑。许多运动类 APP 火遍朋友圈，以社交为切入口成为运动健身类 APP 的突破口。现如今，乐动力、咕咚、悦动圈跑步、Nike＋、酷跑、keep、点点运动等充斥着移动应用市场，但目前运动健身类 APP 的盈利模式仍处于探索阶段。本文将以咕咚作为研究对象，从其创立和发展出发，进一步分析咕咚盈利的基础和主要途径，并提出相应的建议。

一、咕咚 APP 的产品简介

（一）发展历程

2010 年，咕咚网成立。起初申波在其创立之初，风险投资较少。在这种情况下，企业的生存法则是产品，迫于生存压力，他将"咕咚"定位成可穿戴设备的硬件商，其商业模式是"硬件＋社区"。以软硬件结合的方式运作，便于打开市场。半年后，咕咚网第一款硬件产品健身追踪器上市，它可以夹在衣服上，随时监测人们运动所消耗的热量和运动步数等，同时支持将运动数据上传到网上进行分析。

2011 年 4 月，咕咚获得盛大 2200 万元天使投资，在资金的助力下，2012 年 2 月，咕咚上线。咕咚是全国首款 GPS 运动社交手机软件，是在移动互联网的浪潮下产生的。2013 年，咕咚发布了国内第一款可穿戴智能手环，即"咕咚手环"。它具有睡眠监测、运动状况提醒以及智能无声唤醒等功能。与此同时，可在后台对用户的数据进行分析，并通过手机软件分享到微博、微信。2014 年，咕咚又推出全球首款可用于大部分智能手环的通用固件——咕咚 ROM（只读存储器）。除此之外，咕咚还在线上销售智能健康秤、咕咚糖果和蓝牙智能心率带等硬件产品。

随着可穿戴设备市场的迅猛发展，咕咚 CEO 申波决定开始转型。2013 年年底，咕咚开始弱化其硬件品牌定位，接入第三方平台，以软硬件分离的商业模式运行。2014 年，咕咚停掉了除咕咚智能手环以外的硬件产品生产，主要经营智能手环和跑步机盒子。咕咚开始以"社交"为切入点，打造基于移动互联网的全面运动社交平台，开启"互联网＋社交＋服务"模式。通过承办线上马拉松赛事以及线下活动，形成自身原创的赛事 IP，线上线下产生联动，形成运动生态产业链的闭环。

经过 5 年的发展，咕咚的用户量从 2013 年的 1500 万发展到 2014 年的 2100 万。2015 年年初，咕咚全国用户量突破 3000 万，市场占有率超 50%。其中通过软件获得的用户占到总用户数的 90%，日活跃用户为 200 万。2015 年 12 月，申波宣称咕咚当时的注册用户达 5000 万。2015 年 8 月，咕咚推出海外版"blast"，开始拓展海外运动市场。2016 年 1 月，《互联网周刊》发布的 2015 年年度 APP 分类排行榜中，咕咚在 2015 年年度运动休闲 APP 中排名第一。

（二）模块构建

咕咚 APP 以社交为切入口，由 5 个模块单元构成，分别是"运动圈""发现""运动""消息"和"我的"。

"运动"是咕咚基于 GPS 全球定位技术精确追踪用户的运动路线和距离，实时监测运动速度、时间等，而且可以计算运动时卡路里的消耗状况。同时显示 GPS 定位和空气质量检测状况。运动是咕咚软件的核心模块，也是其首要的定位。

"运动圈"类似于微信的朋友圈，在运动圈里包含"动态"和"广场"两部分。"动态"可以及时和好友分享生活中运动的点滴，了解好友的最新动态。同时也支持通过 QQ（即时通信工具）、微信、微博等第三方社交平台分享。"广场"中你可以找到"热门话题""附近"以及各种兴趣话题，从中获得各种运动趣闻。另外，还会发现类似于"偶像快跑"这样的活动。

"发现"分为两大板块。

第一板块有"咕咚吧"：包括精选、专栏和讨论三部分，是运动资讯和知识的集锦；"运动团"：用户可以在线上搜索附近或感兴趣的运动团，比如印刷操场跑，自行开展线下活动，包括跑团和骑行团两部分。当然在附近没有的情况下，亦可自行建团；"咕咚活动"：包括"乐活动"和"同城活动"两部分，提供多种多样的活动资讯；"官方赛事"：线上马拉松，参加线上马拉松的人，在马拉松活动当天，按照活动要求，在任何地点，完成全程/半程马拉松，即可获得官方授权的完赛纪念奖牌，或者赛者事奖品，或者电子完赛证书。2015 年一整年，咕咚已经在全国做了 30余场线上马拉松赛事。

第二板块有"装备优选"：导入第三方电商，包括运动服装类、跑鞋类以及可穿戴设备等；"运动场地"：基于 LBS 定位提供周边运动场地的具体信息（包括场地位置、营业时间、价格和服务内容等多种信息）以及用户场地点评。将线下场所服务信息推送到线上，实现服务的引流。"运动换礼"：即通过运动积分卡币兑换各种心仪的物品；"俱乐部"：专注企业内部人员之间的线下运动社交；"竞赛"：发起线下运动 PK 活动；"步行排行"：连接微信朋友圈，通过熟人社交引领运动社交。

"消息"就是一些最近咕咚官方赛事等重要信息的推送。

"我的"则是咕咚对于用户个人的训练计划、最新成就、好友排名和配件等的记录。

二、盈利模式分析

（一）盈利的前提和基础

现如今，清晰准确的市场和受众定位是垂直类 APP 盈利的首要前提和基础。市场定位是由美国营销学家艾·里斯和杰克特劳特在 1972 年提出的，是企业及产品确定其在目标市场上位置的方法。

首先，咕咚早先将平台定位成运动健身具有一定的前瞻性，因为运动和健身是人们生活的"刚需"，而且运动产品的售价相对较高，获利空间相对比较大。因此，咕咚的定位准确对其日后的进一步盈利起着至关重要的作用。

其次，APP 的功能定位亦是盈利的重要因素之一。在运动健身类 APP 蜂拥而至的今天，如何提供一种"人无我有、人有我优"的功能来满足受众的需求，进而扩大市场份额是制胜的关键。现如今，"社交""免费"和"服务"已然成为垂直运动类 APP 打开市场的法宝。面对同类 APP 市场同质化竞争严重的情况，咕咚开辟了线上承办国内外马拉松的活动，比如 2016 年承办了澳大利亚乌鲁鲁马拉松，2016

年芝加哥马拉松以及 OMV 石油罗马尼亚首都半程线上马拉松等。此外线下还举办了"咕咚跑马季""咕咚风筝跑""Running Girl（奔跑女孩）"等活动。当然，咕咚也开始尝试涉足场馆 O2O。线上线下联动很好地提高了用户的黏性。

再次，用户的规模和数量是 APP 成功盈利的关键。APP 在最短的时间内争取到最多的用户对企业发展至关重要。用户流量的导入以及提高用户的黏性是 APP 拓展和延伸商业产业链的关键。只要拥有足够的用户量，盈利便成为必然趋势。据 2015 年 6 月的《乐视体育白皮书》显示，咕咚以 50.77% 的市场占有率居榜首。咕咚通过国内外并举的方式进一步拓展用户量。相对于其他运动类 APP 而言，市场占有率相对较高，这也为其盈利奠定了相应的基础。

最后，强化服务，为用户提供简单、便捷和可靠的互联网运动服务是咕咚盈利的基本保障。任何 APP 的成功都需要拥有忠实的用户群体。咕咚从本位出发为用户配备训练计划，提供各种运动社交信息资讯等都是为了增强用户黏性。如今，咕咚进一步强化服务意识，比如为大型活动参赛者提供现场照片以及与阳光保险进行合作，为咕咚线上马拉松运动人员推出了"E 路保"产品等。据搜狐体育 2015 年 11 月报道，咕咚作为全球用户数量最多的互联网运动社交品牌，响应来自 87 个国家的数千万次的运动需求，吸引了诸如三星、Jawbone（品牌名）、苹果等国际知名品牌合作商，而这些都将成为咕咚未来盈利的制胜法宝。

（二）现阶段盈利的途径

在运动健身类 APP 充斥国内市场的当下，通过收费下载 APP 获取营收的商业模式来盈利很难打开市场。根据 2016 年 1 月移动数据监测公司 App Annie（一款应用程序）的数据来看，第一季度中国市场在 IOS 市场中的 APP 下载量就超越了美国，成为全球第一。但是中国目前的 IOS

（苹果公司的移动操作系统）收入却次于美国和日本，位居第3。对于早已习惯免费午餐的中国用户而言，适应收费模式相对困难。因此，现如今的国内 APP 为了开拓受众市场大多采用下载免费的运作模式，咕咚也不例外。咕咚的盈利途径主要有以下几种。

1. 广告收入

目前，移动广告以"免费下载＋付费植入广告"的形式成了继传统互联网广告之后移动 APP 开发商的主要盈利模式之一。在应用下载免费的情况下，APP 开发商只能寻求第三方合作，广告主付费植入广告，开发商因此获得收益。为防止广告植入影响用户体验，咕咚将广告植入在"乐活动"中，比如"'聚健康'为家奔跑活动""舒耐爽快青年进击行动"和"金典关爱，运动不止"等。广告直接植入在活动名称和海报上，而且页面设置了置顶活动广告，对 APP 整体模块布局设计毫无违和感。咕咚作为垂直化的运动社交类平台，用户的受众定位明确而清晰，加之运动类市场占有率相对国内其他 APP 而言较高，便于广告商广告的精准投放。这使得广告变现率大幅提升。相对较高的回报转化率使咕咚更容易受到广告商的青睐，吸引了包括 VIVO（维沃）手机、天猫、全友家居、唯品会以及各种运动类品牌等在内的多种类型广告商的加盟。因此，广告收益是现阶段咕咚 APP 主要的盈利途径之一。

2. 电商模式

（1）咕咚定制。咕咚在 APP 装备优选中推出了咕咚原创定制款，包括咕咚定制版 T 恤、护臂以及腰包。咕咚定制版上印有咕咚自己的 Logo（标志）。这样做一方面可以形成自己的运动产品品牌，而且也可以通过销售产品获得盈利。虽然咕咚定制款的种类目前比较单一，但是销量相对可观。其中包括咕咚男女款翠绿长袖功能衫自上线以来以 119 元/件出售，销量达到了 493 件。咕咚原创新年超值大礼包（T 恤＋腰包＋护臂＋咕咚纪念贴纸）以 129 元/套出售，销售 372 套。咕咚定制款跑步速干 T 恤套装 89

元/套，销量达 2109 套。咕咚定制版护臂以 39 元/件销售 351 件。咕咚极致速干 T 恤魔巾套装以 69 元/件销售 220 件。咚粉专属限量卫衣 199 元/件，销售量达 463 件等。咕咚刚刚涉水运动服装领域，利用自己的 APP 平台进行销售，就获得 425427 元的收益。随着 APP 用户规模的扩大，这将成为未来咕咚运动产品产业链上不可小觑的盈利环节。

（2）接入第三方。咕咚以可穿戴设备上市，使得咕咚获得了第一批消费用户群体。但是随着可穿戴设备市场的日益火爆，小米更是推出了 79 元的智能手环。面对激烈的市场和价格竞争，2015 年 6 月，咕咚将重心快速转变，直接抛弃硬件生产。虽然确定放弃自产自销硬件，但是咕咚并未放弃硬件设备领域，转而接入第三方硬件设备提供商，纳入了包括 Tomtom、Bong、Garmin、Jawbone、Suunto 在内的多个国际知名品牌。除此之外，咕咚在装备优选中还引入多种运动产品提供商，涉及跑鞋、运动 T 恤、跑步腰包、运动耳机、运动营养品、运动袜、运动眼镜、运动防护品等多种运动系列产品。通过接入第三方品牌可以进一步通过合作的方式收取提成，保证平台收益。

3. 有效利用运动数据

咕咚通过充分利用 APP、跑步机盒子和智能手环等硬件记录的运动数据，与第三方开展合作来获取数据的增值收益。咕咚和厂商目前主要有两种合作方式，一种是和有品牌知名度的硬件公司合作，比如华为、中兴等，为其直接提供数据和软件服务来获得收益。一种是咕咚直接和厂商合作推出运动类产品，咕咚主要提供数据算法，厂家进行产品制造，比如 2016 年 3 月 21 日，咕咚利用自己独有的运动数据搜集优势和特步巢科技展开结合，联合推出特步智能跑鞋"芯动力"。咕咚利用自己的平台优势来宣传和销售智能跑鞋，智能跑鞋上市后在咕咚 APP 上一个月内销量达到 518 双，成绩显著。未来充分发挥运动数据优势将会成为咕咚盈利的重要组成部分。

三、未来盈利模式的建议

咕咚现阶段的盈利模式主要还是以广告和电商为主。目前处于积累用户阶段，未来的盈利模式尚处于探索之中。进一步扩大用户规模是盈利的关键，这也是咕咚未来必须要做的事情。本部分将对咕咚未来形成清晰的盈利模式给出如下建议。

（一）垂直深入开发运动 O2O 产业链

目前，咕咚已经开始朝着运动 O2O 的方向迈进。现在的运动场地就是初试，提供场地详情和场地点评，但是并未开通线上支付业务。现在，"约运动""乐奇运动"和"趣运动"等运动 APP 将用户与线下运动和场地结合起来，通过与本地运动场馆订单分成或收取年费的方式盈利。如在"趣运动"上用户可以享受在线分时段订场的服务。咕咚未来也可以接入在线场馆预订和支付服务。咕咚未来还可以进一步开发教练选择、交通选择、周边快消品和休闲服务等服务领域，引领用户在线上和线下同时形成消费，由此获得订单提成。当然，咕咚还可以深入开展运动配套服务，形成自己的教练、裁判等机制，这样可以做到去中介化，在提升用户黏性的同时获取收益。

（二）深入开发运动数据，拓展个人健康服务领域

当用户量达到一定程度的规模后，咕咚可以充分利用自己的运动数据优势，开展个人健康服务收费业务。因用户的身体状况不同，所以运动方式的选择以及运动强度也会具有一定程度上的差异性。咕咚未来可以和健康机构等开展合作，在保密的状态下分析用户的运动数据，针对个人的运动数据，为用户提供相应的健康指导和制订具有个人特色的训练计划。与

此同时，也可以为用户个人提供相应的运动营养套餐规划、运动营养品推荐和定制服务。随着人们对健康生活的日益重视，这一领域的开发具有很强的营利性。

（三）打造自身品牌，形成品牌经济

1. 线上线下联动打造自身赛事 IP

咕咚现阶段承办了国内外多种线上马拉松赛事。因马拉松地域和人数的限制性，线上马拉松为更多的人参与活动提供了机会。随着用户的继续沉淀，咕咚可以进一步打造自身的赛事 IP，形成活动品牌效应。线下的活动赛事 IP（知识产权）在为用户提供更多的活动机会的同时，可以进一步增加自己品牌的影响力，同时吸引更多厂商和赞助商的加盟，形成活动赛事的产业链。线上线下的闭环联动有利于未来形成运动产业生态圈。

2. 开展个性化定制，形成运动产品品牌

目前咕咚已推出了自己原创定制的运动功能衫、腰包、护臂等产品。但是种类较少。随着用户规模的扩大和核心用户的继续沉淀，咕咚可以进一步形成自己的运动系列产品品牌，也可以为线下赛事量身定做专属的运动系列产品。

除此之外，据申波透露，咕咚的核心用户在 22～35 岁，大多是上班族，集中在一、二线城市，男女比例大概为 6：4。咕咚可以针对用户个人开展运动产品个性化的专属定制服务，满足受众不同层次的需求。在个性化的今天，私人定制将会成为未来盈利的重要领域。

四、总结

用户规模的扩大和核心用户的沉淀是咕咚未来盈利的关键和核心所在。咕咚要不断强化服务意识，进一步延伸线下产业链，发展运动 O2O，

深度开发利用用户运动数据，进一步强化品牌效应，开展个人个性化定制服务，形成线上线下的商业闭环，最终取得商业成功。

参考文献

［1］曾杰梁. 咕咚布局运动场馆智能化［J］. 电脑与电信，2015（5）：5-6.

［2］唐莹莹. "咕咚"跑步：运动社交瞄准万亿体育价值链［J］. 商业观察，2016（1）：52-53.

［3］李倩薇. 咕咚："运动+"专注跨界产业链［N］. 经济参考报，2015-06-26（21）.

［4］申波. 咕咚深耕体育营销［J］. 成功营销，2016（Z1）：115.

［5］陈园园. 咕咚智能手环要做中国的 Jawbone Up［J］. 互联网周刊，2013（12）：64-66.

［6］佚名. 刷出来的创新从咕咚 ROM 看可穿戴设备未来［J］. 电脑与电信，2014（8）：23-24.

游戏直播类网站运营研究

胡永建

"互联网＋"理念的提出，最早可以追溯到2012年11月于扬在易观第五届移动互联网博览会的发言。易观国际董事长兼首席执行官于扬首次提出："互联网＋"理念。他认为："在未来，'互联网＋'公式应该是我们所在行业的产品和服务，在与我们未来看到的多屏全网跨平台用户场景结合之后产生的这样一种化学公式。我们可以按照这样一个思路找到若干这样的想法。而怎么找到你所在行业的'互联网＋'，则是企业需要思考的问题。"正因如此，各行各业都在积极探索，寻找自己在"互联网＋"背景下的商业模式并抢占先机，这在游戏直播类网站也不例外。

一、"互联网＋"直播的研究意义

2014年，随着一系列高价签约主播选手的事件，游戏直播类网站引起业界和社会的广泛关注，更是很多年轻人聚集的直播平台。据艾瑞的一项调查报告显示，美国拥有良好的电竞赛事和直播氛围，其电竞比赛的观众人数在关键比赛中甚至超过了诸如 NBA（美国职业篮球联赛）总决赛、美国职棒大联盟等赛事的观众，同时游戏用户看直播也越来越多，且更愿意通过互联网平台观看。美国的电竞赛事及其网络直播环境都处于全球领先地位，对于世界游戏直播产业的发展起到了不可替代的作用。

截至目前，"互联网＋"只是一个愿景，并没有任何行业较好的利用"互联网＋"形成自己的商业闭环和先进的产业模式。鉴于此，笔者只能从目前行业的发展现状结合"互联网＋"的相关内容进行分析，并对直播类网站发展中所存在的问题进行研究。

二、网络直播的定义

目前，学界对于网络直播尚无一个准确的定义，我们可根据传播学及电视现场直播的概念给网络直播下个简单的定义：在现场随着事件的发生、发展进程同步制作和发布信息，具有双向流通过程的信息网络发布方式。其形式可分为现场直播、演播室访谈式直播、文字图片直播、视音频直播或由电视（第三方）提供信源的直播；而且具备海量存储，查寻便捷的功能。直播按其内容可分为生活直播、秀场直播、赛事直播、电子竞技直播、教育直播等。网络直播与传统电视直播的区别在于，无论是传播主体还是传播受众，以及传播的内容都有很大的变化。网络直播平台下，大量用户汇集，形成了内容竞争激烈、传播速度快、传播效率高、互动和反馈强的特点。

三、游戏类直播网站发展演进

纵观整个直播行业，尤以电子竞技为主的网络直播网站发展最快。据艾瑞《2015 年中国游戏直播市场研究报告》显示，2013 年美国热门电竞比赛和体育比赛观看人数中，《英雄联盟》第三季全球总决赛观看人数达到了 3200 万人，远高于同年 NBA 总决赛（第七场）2630 万人和美国职棒大联盟世界大赛 1490 万的人数。可见用户对于电竞比赛的直播形成了巨大的需求，且正在快速增长。本文主要从电子竞技为主的网络直播为切入点，并辅之以"斗鱼" APP 为例进行分析。

（一）电子竞技产业发展初期

电子竞技一直以来都不被社会认可，这在世界上都是一个普遍现象。整天沉迷于网络游戏，把时间浪费在网上，不仅对身体造成影响，也会对自己的事业和社交关系造成巨大影响。网络在带给人们先进体验的同时，也使得整个互联网的信息过于庞杂，很多不良信息容易被众多未成年网民片面解读。其中表现最明显的便是网络语言，在游戏中，一言不合可能就会爆粗口，殊不知谩骂的同时电脑的另一端有可能只是一个未成年的小学生，造成的后果不言而喻。

即便如此，青少年仍然在电子竞技产业的发展、职业化道路中起到了主力军的作用。他们承受着来自职业竞争、生存、社会等的种种压力。自 WCG（世界电子竞技大赛）传入中国以来，短短几十年的时间，电竞项目从 CS（反恐精英）、星际争霸、魔兽争霸，再到今天的英雄联盟，期间虽有很多竞技更替，但电竞事业一直在进步，更是朝着职业化、正规化、大众化、产业化的趋势迈进。期间不乏出现了一批具有影响力的电竞职业选手，被称为魔兽"人皇"，卫冕 WCG 魔兽争霸项目世界第一人的李晓峰便是其中之一，这从某种程度上对电竞事业的宣传和发展起到了积极的作用。

此外，相关政策文件的出台对于电子竞技项目的推进起到了巨大的推动作用。2003 年 11 月，国家体育总局将电子竞技运动设立为我国正式开展的第 99 个体育项目，2006 年 11 月，国家体育总局发布了《关于电竞运动项目设置通知》，则从内容上把电子竞技项目分为对战类和休闲类。

2008 年，国家体育总局经过项目整合，将电子竞技重新定义为第 78 号运动项目。从宏观层面来讲，政策的出台也推动着电子竞技项目朝着职业化、规范化、产业化的方向发展。

（二）游戏类网站的出现

2012 年中国出现游戏直播类网站之前，在一定程度上技术限制了电子竞技的发展。以前，单一地从电视频道、报纸、视频等渠道获取电子竞技信息，从时间、需求、技术等方面用户都得不到一个较好的体验，大量用户零散，甚至会逐渐消失。随着视频直播类网站的出现，众多有同类爱好的用户聚集到了一起，游戏直播类网站的出现也不例外，聚集了大量关注电子竞技的用户。

游戏直播类网站是随着互联网和电子竞技产业的不断发展和完善而产生的，它的出现，改变了传统热爱电子竞技的用户只能从视频、报纸、杂志和偶尔的电视直播获取电子竞技信息的局面。世界上最早的游戏直播类网站产生于 2009 年，我国第一个游戏直播类网站是 2012 年成立的 YY 直播。目前，世界上具代表的游戏直播类网站有美国的 Twitch、韩国的 Afreeca TV 等，中国游戏直播类网站具代表性的主要有 YY 游戏直播、斗鱼 TV、TGA 游戏竞技平台、战旗 TV、熊猫 TV 等。游戏直播类网站的出现，助力了电子竞技产业的迅速发展，同时也加深了大众对电子竞技的了解，扩大了用户群体。相比于传统的电视直播，游戏直播网站有着传统直播不可超越的优势和变化。

1. 传播模式的进步

游戏直播类网站很好地解决了传统直播中用户选择面窄的问题。它的出现使得用户能够随意关注自己喜欢的直播，并且不受场地、时间周期的限制。斗鱼 TV 上聚集了多款时下最热门的游戏，按直播游戏的种类分，包括了诸如英雄联盟、穿越火线之类的电子竞技直播，同时也囊括了很多受欢迎的休闲类游戏直播，如炉石传说、跑跑卡丁车等。按直播内容的种类分，它包括了游戏类直播、在线直播歌舞互动及其他生活类的娱乐、搞笑直播。按直播主体则又可以分为职业电子竞技选手主播（包括现役和退役选手）、业余游戏主播和具有一定特色的娱乐互动主播。无论是直播内容，还是直播主体，都大大拓宽了用户的选择面。从而也打破了传统"点对面"的传播模式。

2. 互动性增强

随着直播类网站的不断进步和完善，对于凝结用户，增进用户与主播、主播与主播、用户与用户之间的互动从量到质都是一个飞越。从互动形式来分，用户之间的互动主要有以下几种。

（1）弹幕文化。弹幕文化的加入使得用户互动率明显增强。弹幕文化是由日本传入中国，是用户围绕内容进行互动的核心方式之一。弹幕主要来源于用户对于直播内容的即时评价、交流，同时也是用户获取某些背景信息的来源。如主播在打游戏的时候播放的背景音乐，想要知道的用户只需发表弹幕"求 BGM（背景音乐）"，之后便有其他用户发弹幕提供回答。除此之外，弹幕文化充斥着时下年轻人常用的网络语言，增进了对网络语言的认识。据 2014 年中国游戏直播用户调研显示，约 69% 的用户使用弹幕进行交流互动。

（2）在线送礼。游戏直播类网站大多都有自己的在线交易平台及商店。用户可根据自己的意愿选择对主播进行打赏，而这种打赏方式主要靠在平台充值买礼物赠送给主播。当主播收到礼物时便会在直播聊天窗口显示，花费金额越高的礼物甚至会在整个屏幕出现，主播也会选择性地对送礼的用户进行口头感谢。如斗鱼 TV2.10 中主要靠"鱼翅"充值来购买礼物赠送主播，且只有规定的几类充值形式，50元可充值 35 个"鱼翅"，而 98 元则可充值 68 个"鱼翅"。斗鱼 TV 上最贵的虚拟礼物当属"火箭"，一个"火箭"就需要 500 个鱼翅，相当于700元左右。用户中不乏很多"土豪",比较热门的主播经常会遇到被用户刷"火箭"的时候。主播得到的礼物通常会和平台对半分,如700元则会分给主播350元。

另外,用户可以根据个人喜好对自己喜欢的主播进行关注,往往主播在直播的同时都会向用户宣布自己的动向和其他社交网站,如很多主播会在直播的同时向用户推荐自己的微信公众号或是微博账号。用户通过各种平台与主播互动,从而增加了彼此互动,甚至很多用户会成为主播的粉丝,这也是目前议论较多的粉丝经济的一种形式。一方面在线送礼一来满足了用户某些方面的"炫富"心理,另一方面对于提升主播人气和知名度有很大的帮助,激励主播创造更多精彩的内容。

(3)赛事活动。作为用户流量的入口平台,同时也作为赛事直播最前沿的用户聚集地,游戏直播类网站发起的相关赛事活动也成为增进用户互动的方式之一。据艾瑞2014年中国游戏直播用户调研显示,有45.9%的用户在看主播打比赛时,有兴趣用虚拟货币猜输赢进行博彩,而对于重大赛事,则有51.9%的用户。用一系列活动增强用户之间的互动是很多网站进行营销的方法之一。

3. 游戏直播产业链概况

游戏直播类网站发展至今,已经形成了一条比较明晰的产业链,包括游戏开发商授权给游戏运营商,游戏运营商又包括了赞助商、执行方和参与者,执行方往往又运营着俱乐部联盟、战队或俱乐部。其中职业选手通过加入战队进行经济比赛,从而成为俱乐部联盟的一员,平台的主播包括职业选手和其他个人。执行方通过授权视频制作权给游戏视频媒体,从而将发行权授权给电视游戏频道和在线游戏直播平台,其中广电系统则要对电视游戏频道授权内容播放权。遇到大型赛事还须从公安部门、文化部门、体育部门获取举办权。这之中还包括了视频直播途中产生的权利和视频点播中产生的权利。

四、游戏直播类网站的作用

(一) 推动了电子竞技产业的发展

游戏直播类网站的发展实现了用户的大量聚集，增强了用户间的频繁互动，也给用户提供了大量的赛事直播转播信息和主播直播信息。这对电子竞技的宣传和普及产生了巨大的推动作用，也使得游戏直播类网站成了电子竞技产业发展中不可缺少的一环。

1. 宣传作用

互联网时代，游戏直播类网站平台利用信息传播速度快、传播范围广等特点，用低成本的视频直播满足了广大用户的观赛互动需求。通过庞大的用户群，采用增值服务、在线送礼、活动竞猜等模式把用户群变现。在这样的情况下，平台方用较低成本的运作模式产生高额的收益，整个游戏类直播网站便对电子竞技类游戏直播倍加青睐。2014 年 8 月 2 日，汪峰借助与乐视合作的"现场演出 + 付费直播"，在线售出 4.8 万张票。而单是斗鱼 TV 里一个退役的职业选手直播的观看人数则均达 200 万人，虽说用户没有完全参与在线付费，但在直播付费逐渐被认可的今天，如此庞大的用户群体，自然会有产生很多利润的可能性。此外，游戏直播类网站的宣传作用不仅体现在对游戏的宣传，还体现在对行业信息、主播身份以及直播作为一种文化现象的宣传。

2. 产业化发展

人力资源和社会保障部 2016 年 1 月 22 日召开新闻发布会，新闻发言人李忠表示，2015 年城镇新增就业 1312 万人，城镇失业人员再就业 567 万人，就业困难人员就业 173 万人，年末城镇登记失业率 4.05%。可见中国目前的失业人口数量仍然非常庞大。电子竞技的发展，给很多选手创造了走职业化发展的道路，而这些选手大多都是之前备受争议的"网虫"，须知在职业选手出现以前，整天上网打游戏的人中有很大一部分是社会闲散人员。自从电子竞技类游戏职业化后，期间虽说进展缓慢，但很多人都逐渐开始接受这种新兴文化的存在。而职业化道路又恰恰使得整个游戏产业和直播类网站快速发展。电子竞技行业的职业选手假如有一天打不动，或是打不出成绩被淘汰，接下来的生存靠什么？游戏直播类网站正是从解决他们退役后的发展中顺"市"而生。退役的职业选手可选择的就业机会由此增加，他们中大多都到各大游戏直播类网站进行游戏直播，有些则凭借自己多年驰骋电子竞技的经验和分析走上了赛事解说的道路，而有些选手是解说直播两不误。

而直播从游戏授权到运营授权，再到其他包括赛事授权这期间种种环节都有大量的附加值可挖掘，在追求边际效益的同时不免催生很多新兴职业的诞生。盈利模式无论是广告，还是增值服务，都会带动相关产业的发展，如英雄联盟带动了网吧、游戏行业的发展，直播平台则带动了主播、平台以及合作方的发展。

（二）催生相关法律文件的诞生

新事物的出现给用户带来了各种体验和方便的同时，同时也会产生很多问题。游戏直播类网站便是如此，例如版权问题、直播内容规范问题等。中华人民共和国国务院令（第 292 号）《互联网信息服务管理办法》第十五条规定互联网信息服务提供者不得制作、复制、发布、传播含有下列内容的信息：反对宪法所确定的基本原则的；危害国家安全，泄露国家秘密，颠覆国家政权，破坏国家统一的；损害国家荣誉和利益的；煽动民族仇恨、民族歧视，破坏民族团结的；破坏国家宗教政策，宣扬邪教和封建迷信的；散布谣言，扰乱社会秩序，破坏社会稳定的；散布淫秽、色情、赌博、暴力、凶杀、恐怖或者教唆犯罪的；侮辱或者诽谤他人，侵害他人合法权益的；含有法律、行政法规禁止的其他内容的。这是传统法律法规对网络信息服务的规范，但游戏直播类网站发展至今，遵守传统的法律法规已经不能很好地约束和规范网络直播行为。这也是其他行业普遍存在的问题，总有平台在相关文件出台之前钻漏洞，打擦边球，而恰恰越是新的问题往往越迫切需要相关部门制定相关政策来规范。不过就目前形势来看，直播付费的趋势日趋明显，公众的版权意识也在逐渐增强。

五、直播类网站发展中存在的问题

（一）内容同质化现象严重

同质化其实不仅在游戏直播类网站存在，这也是几乎所有网站都面临的一个问题。之所以要提及这是因为目前国内游戏直播类网站非常多，其宣称的特色均不能构成整个行业的核心竞争力，大多功能雷同。就技术而言，各平台之间都没有优势。很多用户活跃于平台一个很大的原因是他们喜欢的职业选手或是主播在平台直播，一旦主播离开，即将伴随的是大量用户的流失。这也是很多网站与主播高价签约的原因之一。

（二）主播专业化水平缺失

网络是个快速学习的地方，尤其是在与其他用户互动的过程中学得更快。当然，学习的内容还得区别于交流不同的人。游戏类直播网站均存在大量主播为了制造搞笑成分和引起话题，频频出现爆粗口和涉黄的互动现象。直播环境则是网络流行语横飞，低俗的语言遍地。互联网时代的网络语言大多是快速消费，稍过一段时间便会被新词淹没，这种不规范的语言交流信息从某种程度上对用户是一种不负责的表现，其对用户的书面表达并无益处。

（三）线下商业模式拓展少

游戏直播类网站的用户往往只知道平台本身，用户除了选择观看直播和互动外，其他线下与平台的互动基本缺失。如唱吧之前在自己 APP 上积累了大量用户，线下开展实体店也是一种线下的拓展。而很多网站又与其他网站进行合作，如知名的 9158 与天鸽互动合作。拓展的方式很多，但到目前为止成功的案例少之又少，之中的原因则是大多数平台需要考虑和研究的。

（四）版权问题难以避免

版权问题几乎是中国互联网的共性。2013 年优酷土豆向北京海淀区法院起诉小米盒子涉嫌对其所拥有网络传播权的十部影视剧侵权点播，并向其索赔 510 万元。亲子真人秀节目《爸爸去哪儿》一经播出就引起广泛关注，收视率也一路飞升，围绕其播放权的版权纠纷仍然不断上演。2015 年 7 月，新闻出版广电总局发出《关于加强真人秀节目管理的通知》，要求真人秀节目避免过度明星化，摒弃"靠明星博收视"的错误认识，不能把节目变成拼明星和炫富的场所；并提出，真人秀节目应注意加强对未成年人的保护，尽量减少未成年人参与。又如时下最热门的竞技游戏英雄联盟，其开发商为美国拳头公司（Riot Games），在中国是由腾讯公司代理运营。当前，无论是 YY 直播、斗鱼 TV，还是战旗直播，大都涵盖了众多游戏直播，然而这些平台是否都经过游戏公司的授权目前并没有相关信息。

六、总结

"互联网＋"时代给很多互联网创业创新提供了宏观指导和大众创

业、万众创新的主线路。游戏直播类网站亦是如此，各行各业都在探索新的商业模式，"互联网＋"这块大蛋糕到底最先被谁分到目前无法断言。本文通过对游戏直播类网站的发展现状、商业模式以及其存在的问题进行分析。由于笔者能力有限，所及之处可能不是完全周到透彻，还望批评指正。

参考文献

［1］马化腾．互联网＋：国家战略行动路线图［M］．北京：中信出版社，2015．

［2］艾瑞．2015年中国游戏直播市场调查报告（行业篇）［R/OL］．［2015－02－05］．http//www．ireaserch．cn．

［3］雷作声．从战旗TV看游戏直播类网站的运营之道［D］．中国知网，2015．

［4］王意民．网络直播与传统电视直播的竞合［J］．新闻世界，2009（11）：139－160．

［5］章明亮．网络直播，新闻网站的新探索［J］．新闻实践，2005（12）：41．

［6］陈小葵，周小军．浅谈多媒体网络电视直播［J］．中国传媒科技，2004（6）：21－22．

"互联网＋电视"，新生态活力

丁　淼

如今，各个产业都在探索如何借助互联网实现转型，同时作为互联网行业也在不断探索如何更深入地介入产业的路径。作为传统电视产业，自然也在不断寻求借助互联网完成转型发展的路径。本文从梳理"互联网＋电视"融合发展的路径出发，重点阐述互联网电视这一业态形式，以乐视超级电视为例分析其发展的模式，最终提出乐视模式对传统电视行业的启示。

一、"互联网＋电视"的发展路径

互联网不仅仅是媒介，更深刻的意义在于它是一种重新构造世界的结构性力量。互联网更是被看作继"蒸汽"和"电"后的第三次工业革命。而传统电视产业对待互联网的态度是十分微妙的，从最早对互联网的不屑一顾再到极度恐慌、寻求融合转型。在转型升级过程中形成了不同的发展路径以及新产业形态，为电视产业的转型提供了很好的启示。

总的来看，互联网与传统电视产业的融合发展主要分为两条路径：第一条是互联网向电视行业的入侵路径，即"互联网＋视听"；第二条则是以电视行业为主导的变革融合路径，电视媒体向互联网的拓展，即"电视＋互联网"，下面将分别梳理两条路径的发展脉络。

（一）互联网向电视产业的演进

互联网企业向电视媒体的演进路径可以笼统地分成两个时期，而进行演进的主体以互联网视频平台为主。

1. 互联网企业进入试听行业时期

经历了平台构建阶段，这个阶段内容来源于 UGC 以及盗版内容，大量的视频网站层出不穷，土豆、优酷以及乐视正是这个时期建立起来的。乐视很早就对版权进行大规模购买授权，为其日后的发展奠定了基础，而电视产业对互联网平台并没有重视起来。

互联网平台版权内容购买阶段，各大互联网平台争相构建自己的视频版权库，大力引进购买正版内容。而那些以盗版为主的平台逐渐被并购或倒闭，视频网站完成了自身优化升级。而电视台则成为互联网视频平台内容生产者的角色，将大量电视剧及综艺版权输送到网络平台赚取利润。随着视频网站的发展，电视媒体逐渐意识到互联网对其的威胁及颠覆，开始探索互联网转型。

2. 互联网企业进行渠道扩张时期

互联网平台自制内容生产及反向输出阶段，随着内容版权价格激增，视频网站开始了内容自制，逐步摆脱对电视台的依赖，甚至形成对电视台的反向输送。同时视频网站进一步进行资金整合，以优酷、土豆的合并为标志，加强了互联网平台对内容产业全产业链的资本控制能力。而作为传统电视产业则陷入了对互联网的极度恐慌，急于寻求转型升级之路。

在互联网平台渠道扩张阶段，互联网企业开始真正入侵电视产业，占领消费者的客厅空间。视频网站为了获取更多的用户，改善自身的经营亏损状态，在渠道上进行扩张，从 PC 端及移动端向 TV 端扩展。以乐视为代表的互联网企业开始进行终端渠道布局，借助其互联网基因对传统电视产业进行颠覆升级。而这个阶段广电媒体以及电视生产商也在不断探索自身的升级路径。

（二）电视产业向互联网的演进

1. 将互联网作为宣传及营销工具阶段

早期电视台多是将互联网作为自身主体业务的延伸，开办门户网站或与门户网站合作，作为电视台节目内容的宣传及营销工具。随着社交平台的出现，微博及微信公众账号逐渐成为电视台的标配。

2. 将互联网作为内容分发渠道阶段

随着视频网站渠道构建的成熟，电视台凭借其成熟的内容制作模式及精良的内容产品，将互联网作为内容分发的渠道，将版权分销给各大视频网站，形成"网台联动"模式。

3. 自我构建互联网平台阶段

内容版权是电视产业发展的核心资源及竞争力。在意识到这点后，电视台逐步停止售卖版权，转而搭建自身的网络平台。同时随着移动互联网的发展，电视台纷纷上线自己的 APP。这其中以湖南卫视搭建芒果 TV 独播为代表，进行自有版权的衍生及价值再造。

总体来看，传统广电媒体正在不断积极探索"互联网＋"的转型升级之路，但多是与互联网的简单嫁接，或走传统互联网企业的老路，将互联网平台作为辅助电视产业发展的边缘产业，没有将其注入电视产业发展的核心环节，事实证明这种方式注定是有局限性的。电视产业真正需要的是在各产业环节注入互联网基因，与互联网企业融合，对整个电视产业进行重组改造。

而以乐视超级电视为代表的互联网电视颠覆了传统电视行业，乐视超级电视依据强大的内容资源以卷入个体而不是合作的模式打造其超级电视，并通过其构造的生态集合形成盈利。因此下文将以乐视超级电视的"互联网＋电视"模式为例，提示其对广电媒体及终端生产商的启示。

二、乐视"互联网＋电视"模式分析

2005 年乐视超级电视的总销量超过 300 万台，在这个彩电产业低迷的环境下，能够达到这个量级实属不易。乐视凭借其构建的庞大生态圈，通过各个子生态体系的运作提供增值服务，以增值服务补贴其硬件成本。可以说乐视的超级电视开创了互联网电视运作新模式，创造了互联网电视的新风口，推动引领着产业的发展。

（一）乐视超级电视运营模式分析

乐视于 2013 年开始除原有的视频平台业务外，不断打通其产业链进行纵向垂直化、横向生态化扩张，推出了乐视 TV 超级电视 X60，之后又不断进行升级更新，在这过程中不断完善围绕电视终端搭建的生态模式。因此下文将从乐视超级电视的商业模式、营销模式以及盈利模式三方面对其进行分析。

1. 商业模式——内容＋平台＋应用＋终端

乐视号称要做电视行业的颠覆者，颠覆原有电视产业的运作及商业模式，实际上乐视推出的超级电视也做到了颠覆性。乐视所开创的"内容＋平台＋应用＋终端"的垂直整合链的商业模式在互联网电视领域独树一帜，每个环节再不断向外扩张，从而构成了一个完整的生态系统。

（1）内容。不论对于视频网站、互联网电视还是广电媒体来说，内容资源永远是其核心竞争力，也是整个乐视超级电视生态体系运作的引擎，更是乐视超级电视模式区别于小米这类互联网公司的核心竞争力所在。乐视作为最早进行版权购买的视频网站可以看出其在内容资源搭建方面的远见，之后乐视以乐视视频网站为基础，先后切入乐视影业以及花儿影视，在电影及电视剧制作上占据先机，同时不断打造乐视自制内容。

至此，乐视凭借其强大的内容资源库吸引了大量的用户流量，当然作为乐视生态体系的一环，内容环节被卷入生态体系后，与各环节共同发生作用。以乐视旗下的花儿影视出品的年度古装大剧《芈月传》为例，一方面乐视对《芈月传》进行内容版权的分销；另一方面《芈月传》与乐视超级电视紧密合作，推出了乐视超 3 X55《芈月传》纪念版，不但在硬件配置上拥有更大的存储空间，内含了《芈月传》纪念手册和定制包装，只要是乐视超级电视和乐视全屏影视会员用户即可以享受高清、超清、1080P、4K 片源，以及直播、点播、轮播等多种方式。而在乐视巨额买下中超版权后，作为乐视超级电视用户能够体验到更加极致的赛事盛况，如乐视超级电视用户可以利用超级电视观看多方位、多角度的赛事直播。乐视充分利用内容资源为超级电视本身增值，形成了内容与超级电视的良性互动。

（2）平台。如果说内容是乐视超级电视整个生态圈的动力引擎的话，那么平台则是在此基础上的业务拓展。乐视不仅将超级电视看作视频内容的播放终端，更重要的是如何让这个播放终端产生更大的效益，如何借助超级电视拓展其服务的产业链，让内容资源产生更大的效益，这也就涉及乐视生态体系的平台生态。

乐视平台囊括了云视频开放平台、电商平台、广告平台、大数据平台以及 Lepar（乐帕），通过不同的平台超级电视能够将更多的主体，如广告、视频内容、数据以及电商等卷入到生态系统中，为用户提供更全面的服务并产生更大效益。平台的建立为乐视超级电视打开了更多入口，在卷入更多主体产生协调效应的同时，使平台成为超级电视用户的一种生活方式，拓展互联网电视在用户家中的增值服务能力。

（3）应用。乐视超级电视的应用包括两方面，分别是其智能操作系统，乐视 EUI 以及乐视应用商城（Letv store）。应用环节是一个商业开放入口，让更多的互联网公司能够介入到乐视生态体系中、帮助他们进入到用户客厅中，同时对于不同应用的设计也将海量的用户资源进行细分，更利于其进行深入整合，打造更具针对性的内容及相关服务。更重要的是乐视超级电视通过对乐视 EUI 的更新，用软件的升级带动硬件的更新，软硬件相互绑定，形成循环体系。

（4）终端。乐视超级电视作为乐视生态体系中的重要一环，是整个大屏生态的核心，不仅是其内容资源的输出设备，更是整个生态体系的重要入口，以上所提到的所用环节都要依托于终端环节。更重要的是乐视以超级电视为试点，积累硬件领域的战术实行经验，为今后其他终端复制做铺垫。

2. 营销模式——CP2C + LePar 超级合伙人

除乐视超级电视的商业模式外，其营销模式更具有互联网时代下的特征。

首先，乐视超级电视以及乐视盒子都采用了"CP2C（Customer Planning to Customer）"模式，即"众筹营销"。这种营销模式强调两方面的转变。一方面变以往抢购的"饥饿营销"模式，为"现货 + 预售"的模式形成持续性供货。乐视超级电视全系产品在完成首次售卖后，立即转入预售模式，购买和支付通道长期开通，用户可随时付款下单，可随时满足用户的柔性需求。而乐视通过对生产环节的改造，在用户下单之日起便能够给出生产排期并进行产品生产跟踪，即由用户订单驱动生产。另一方面CP2C 模式强调"客制化 DIY"，即在产品的研发设计环节让用户深入参与，根据用户个性化的兴趣和需求进行生产，真正实现"千万人不满、千万人参与、千万人研发、千万人使用、千万人传播"的众筹模式。

其次，乐视在 2016 年重点布局的 O2O 也是其在营销环节具有突破性的一环，同时将更多的个体，如乐迷、个体经销商、商业机构等卷入到整体的乐视生态体系中。LePar 合伙人的核心职能是为线下用户提供包括产品体验、物流配送、售后在内的相关服务，为打通线下的用户提供了入口。

3. 盈利模式广告收入＋会员付费收入＋硬件收入＋应用分成收入

乐视超级电视的盈利点主要包括四点：广告收入、会员付费收入、硬件收入以及应用分成收入。在这当中以"会员付费＋硬件免费模式"为核心。

首先是广告收入，广告收入不论对于乐视网还是乐视超级电视都是重要的收入来源。尤其对于乐视超级电视来说，其将广告主作为整个生态圈的重要一环，通过与广告主的合作产生协同效应。2016年3月30日，TCL（公司名）联合乐视在北京举办的"集结号——战略成果发布会"上预测，预计在2016年仅乐视超级电视的开关机广告收入将突破5000万元。

其次是乐视超级电视最主要的收益点，即会员付费制，乐视针对生态体系中不同的用户群体和终端设置了不同的会员体系，其中乐视超级影视会员是面向家庭用户的大屏生态。在乐视超级电视定价模式中，将硬件成本降到最低，而利用会员制补贴硬件成本。用户购买不同时间长度的会员则可以享受不同程度的补贴。以往针对互联网电视企业最大的困难就是用户购买互联网电视后功能使用率不高，仅作为一台普通电视使用。而乐视超级电视的会员制在一定程度上解决了互联网电视功能使用率低的问题，同时能够让用户形成持续性消费。

（二）乐视超级电视的 SWOT[①] 分析

1. 优势

乐视超级电视的最大优势在于其强大的生态系统能够与其他生态子系统形成协同效应。其次乐视超级电视依托乐视网、花儿影视以及乐视

---

① SWOT 态势分析法。

影视等强大内容资源库，使乐视超级电视具有强大的动力引擎。

2. 劣势

乐视超级电视在发展中也存在着一定的缺点与不足，首先，乐视超级电视在生态布局方式没有完全完善，尤其在内容资源方面虽然依托强大的内容资源，但在某些内容方面仍处于弱势。其次，随着互联网电视行业的发展，产品的同质性增强，从技术上很难有所突破。同时从内容资源来看，视频资源同质化现象比较严重。再次，乐视的生态补贴模式能否弥补硬件设备的成本？乐视硬件采用低于成本价的定价模式，通过生态系统业务增值进行补贴。然而只有当其电视销售规模越来越大，终端用户越来越多时，双方在盈亏上达到一定平衡点，超越这个点才能形成盈利。因此关键在于如何保持超级电视的销量持续上升。最后，随着国家对互联网电视监管日趋严格，在牌照、内容审核等方面都有重重限制，这些都将阻碍其未来的发展。

3. 机会

从整个互联网电视行业来看，我国互联网电视行业市场规模不断扩张。随着技术的进步以及视频内容资源的多样化，未来会有更多的企业加入到互联网电视领域，为其发展带来前所未有的机遇。同时随着整个领域参与企业的增多，互联网电视行业将进入整合升级阶段，而乐视凭借其生态体系，拓展其内容及相关服务产业链，将带动整个行业的转型升级。

4. 威胁

乐视超级电视的威胁主要来源于两方面，一方面是来自互联网企业，尤其是 BAT 这样的互联网巨头企业逐渐加入，他们凭借强大的资本优势，很有可能在短时间内赶超乐视。另一方面是来自国家相关政策的威胁，乐视在内容输入上要与牌照商合作才能从事相关内容运营，同时随着国家在互联网电视政策上的进一步缩紧，将对乐视生态系统构成威胁，牵制其发展的引擎。

三、乐视超级电视对互联网电视发展的启示

乐视把超级电视打造成一个基于乐视生态的开放式闭环，按照目前超级电视的销量和消费者反馈，传统电视企业不可忽视。传统电视企业可先复制超级电视的运营方法，从而创新适合自己的道路，来打破目前的困境。

（一）对终端电视生产企业的启示

对于传统电视终端生产企业来说，乐视超级电视的模式给其生产、流通以及消费等环节很大的启示，展现了一个互联网企业如何利用互联网来改造传统生产模式。对于传统制造业来说，"产品的价格＝产品成本＋产品毛利＋运营成本＋营销成本＋渠道成本＋品牌溢价"。而乐视超级电视采用的营销模式是一种 C2B 模式，与 TCL 合作，根据用户的订单需求对终端生产厂商的制造体系进行改造，从而适应需求多变的市场，增强制造企业的灵活性和应变能力。更重要的是这种 C2B 的生产模式砍掉了传统生产运作模式当中的运营成本、仓储成本以及渠道成本，完全根据用户的需求生产，降低生产厂商库存风险的同时极大满足了用户市场的需求。灵活的生产模式能够根据用户需求及时调整生产，免去了用户等待的时间，形成用户的持续购买。

因此对于传统电视生产企业来说，在"互联网＋"时代下的突破点在于对自身制造流程及生产模式进行互联网式的升级改造，从产品设计、研发、传播、销售、售后和运营，再循环至产品设计的闭环的每一个环节均能全流程直达用户，从而满足互联网时代下用户灵活、个性化的需求。

（二）对广电媒体的启示

1. 充分利用政策红利

对于传统广电媒体来说，在互联网电视领域最大的优势在于政策红

利。如今虽然乐视超级电视模式发展迅速，市场规模不断扩张，但在频频收紧的政策下，其发展依旧受到限制。而作为广电媒体来说，互联网电视的牌照制度是对传统电视媒体的保护，更是在"互联网＋"时代下的政策资本。"互联网＋"政策乍看之下是对传统广电媒体的威胁，但来自顶层设计的政策支持无疑是对其在内容生产、传播渠道以及运作模式上进行互联网升级的动力。因此充分利用政策红利完成自身的转型升级，以此适应技术革新的进步和用户需求的多样化，是传统广电传媒体的机会之路。

2. 重视新技术的推动力

2015 年政府工作报告首次提出的"互联网＋"行动计划中强调推动移动互联网、云计算、大数据、物联网等新技术与传统制造业相结合。同样，作为传统广电媒体更要注重新技术的推动力，依托互联网技术优势发展互联网电视，探索内容资源的新型传播体系。

3. 重视版权资源，延长传媒产业链

不论乐视超级电视的生态发展路径，抑或是现有传统广电媒体转型升级路径都表明优质内容资源是媒体发展的核心动力，更是未来大屏时代的核心要素，"内容为王"的思路始终是传统电视媒体在"互联网＋"时代下的核心竞争力。版权资源更是现代传媒集团的基石和核心资产。

因此，广电媒体不论在做互联网电视还是进行互联网转型升级时，都要重视版权资源，延长传媒产业链。在大屏视频时代，对于能够生产权威、稀缺、精品视频内容的中央及地方电视媒体来说，如果版权能够得到切实维护和充分经营，用户付费、内容直接变现、衍生品开发将是一条宽广的盈利之路。依托广电媒体强大的内容生产力，发挥自身优势，整合长期积累的社会资源，加大对内容版权资源的开发力度，拓宽内容产业链，形成自身的生态网络，多方位、多产业布局，以期找到新的业务增长点。

4. 注重用户价值

作为乐视超级电视生态体系建立的核心在于"用户导向性"需求。

不论是超级电视硬件的开发还是对于内容资源的开发，依照用户需求进行硬件产品以及内容资源的个性化定制是超级电视的发展理念，依托互联网大数据技术，通过互联网电视收集记录用户收看信息，针对不同用户群体打造个性化内容，针对用户需求进行内容深耕。从传统的"产品导向"向"用户导向"转变，是"互联网+"时代下传媒产业发展的方向。

参考文献

[1] 喻国明．互联网是一种高维媒介．经济观察网［EB/OL］．［2015－02－05］．http：//www.eeo.com.cn/2015/0205/272205.

[2] 彭逸林，霍凤．"互联网+"战略下我国OTT TV视频发展趋势［J］．传媒，2015（22）：47－49.

[3] 张国涛．OTT TV——触及电视全产业链的挑战［J］．传媒，2013（9）：62－64.

[4] 宋蔚，蔚张娟．OTT时代对电视业的观察［J］．现代电视技术，2016（2）：121－125.

[5] 黄升民，周艳，龙思薇．八问OTT——OTT TV对电视产业的影响和对策解析［J］．现代传播，2013（10）：1－6.

[6] 李北北．全媒体背景下OTT TV产业链各方的博弈与重构［J］．科技传播，2015（16）：88－89.

[7] 徐楠．试析OTT TV时代电视媒体转型［J］．电视研究，2014（4）：69－71.

[8] 霍凤．我国OTT TV视频产业发展情况梳理［J］．鸭绿江，2015（8）：108.

[9] 李黎丹．互联网+电视=全新生态圈［J］．南方电视学刊，2015

（3）：7 – 10.

　［10］王卫军 ."互联网＋电视"的进化与路径猜想［J］. 视听界，2015（3）：35 – 39.

　［11］王斌 . 媒介生态视角下的乐视生态模式及发展分析［J］. 新闻研究导刊，2015（18）：169 – 172.

　［12］冯枫 . 三网融合下电视传媒运营模式探析［J］. 新闻传播，2015（21）：39 – 41.

　［13］任陇婵 . 互联网电视且慢走［J］. 视听界，2015（6）：14 – 15.

　［14］谭天，夏厦，张子俊 . 网台融合形成电视新生态——2015 年电视转型与融合创新综述［J］. 新闻与写作，2016（2）：38 – 44.

　［15］李昕 ."互联网＋"媒介生态探寻［J］. 视听界，2016（1）：76 – 78.

　［16］李雪昆 .《2015 视听新媒体蓝皮书》："视听＋"成新动力［N］. 中国新闻出版广电报，2015 – 07 – 22（07）.

　［17］陈璐颖 . 我国视听新媒体行业发展研究［D］. 北京印刷学院，2015.

　［18］乐视 TV·超级电视用互联网模式重新定义电视［J］. 中国数字电视，2013（5）：8 – 11.

　［19］刘校豆，宋建锋 . 竞合格局下传统电视与网络视频的融合与创新——基于乐视超级电视的经营战略视角［J］. 传播与版权，2013（3）：123，130.

　［20］张帆 . 我国互联网电视 SWOT 分析——以乐视超级电视为例［J］. 青年记者，2014（27）：67 – 68.

　［21］周勇，何天平 ."互联网＋"背景下视听传播的竞合——2015 年我国视频内容发展综述与前瞻［J］. 新闻战线，2016（5）：43 – 47.

猫眼电影，多维整合

尤怡依

一、电影售票平台的发展

（一）购票 1.0 时代

在现代人的休闲娱乐生活中，电影消费逐渐成为越来越多人选择放松的方式之一。从早期在影院柜台购买电影票到后来在网上团购电影票，再到近两年兴起的支持在线选座的购票方式，这种电影营销手段的更迭不仅给观众带来了越来越便捷的观影体验，也对我国目前电影行业的发展格局带来了巨大的变革。

在互联网入侵电影行业的早期，观众的购票方式就已经从最初的影院柜台购票转变为在各大团购网站上直接团购电影票，如 58 团购、美团、糯米等。这种购票方式的兴起得益于互联网技术的发展，它使网络购票成为可能。方便快捷的购票体验以及相比在影院直接购票更有优势的低廉票价，都使得团购电影票成为越来越多观影人群的首要选择。

然而，初期的电影票团购只考虑到了如何用优惠的价格获取大批用户，却未考虑到网络购票完成后现场换票等一系列的用户后续体验。

（二） 购票 2.0 时代

随着互联网技术的发展，越来越多的网络购票网站开始支持在线选座的功能，如猫眼电影、淘宝电影、时光网及百度糯米等主要的电商平台。

从 2014 年开始，在线选座这一功能逐渐出现在各大网络购票平台中，这些平台中的用户不仅可以在网络上提前购得电影票，还能根据自己的意愿选择合适的场次和座位。这一功能的出现极大优化了用户的购票体验，从网络选座购票到终端机出票的整体时间大大缩短，取代了传统的电影票团购，直接成为年轻用户的主要购票方式。

根据 2015 年速途网的电影在线购票报告显示，在全部观影人群中，通过线上购票平台购买电影票的受众占比已经接近 60%。线上购票平台的便捷性和常年的低价优势促使其成为越来越多用户的首选购票方式。

（三） 购票 3.0 时代

目前在互联网时代中发展壮大的影票团购网站，多是利用相比于影院票价要便宜很多的价格来吸引用户，在各大线上购票平台上，经常可以看到 10 元以下抢票活动或者是 20 元以下的特惠购票活动，还有一些网站经常用极低的价格来出售预售场次的电影票，然而这些价格无疑要低于制片方和影院规定的最低票价，那么这之间的差价就要由片方或者电商平台来补。

在各大网络购票平台的价格补贴大战中，许多购票应用已表现出疲软之态，毕竟依靠疯狂的价格战和烧钱补贴来吸引观众并不是一条可持续发展的道路，此外，利用价格优势吸引来的用户并不是平台的忠实用户，一旦有其他平台出现更加低廉的价格，就很容易造成已有用户的流失。

因此不少网络售票平台开始另寻解决办法，比如猫眼电影逐渐从单纯的电影票售卖平台转变为集融合社交、媒体内容、电影相关衍生品售卖于一体的新型电影平台，此外，猫眼电影也逐渐发力电影上游产业，直接参与投资和发行影片，实现多维度发展。又如近两年发展飞速的百度糯米，直接投资院线，与其一起推出联名会员卡等，众多互联网售票平台正在试图摆脱原始烧钱状态，寻求新发展，笔者称之为购票3.0时代。

二、猫眼电影的运行现状

（一）猫眼电影的产品结构分析

猫眼电影 APP，主页面分为四个板块，分别为电影、影院、发现、我的，下面分别对其进行展开分析。

1. 电影板块

首先，对 APP 使用人群进行划分，可以大致分为两种。一是已有明确观影目标的浏览者，则其进入电影板块后可直接利用搜索功能对目标影片进行检索，进而实现一系列的购票行为。二是没有明确目标但有较强观影意愿的人群。

对于第二部分受众群，热映、待映、海外三个二级板块则具备比较强的信息传递功能，凸显其媒体属性，而在下面细分的板块中还实现了社交功能和媒体传播资讯功能的结合，比如在热映板块中，可以看到每一部影片的网友评分和想看人数，分析猫眼电影 APP 从 2013 年的 3.1 版本到 2014 年的 4.1 版本迭代不难看出，其主要围绕着核心业务进行优化，即在线选座功能，同时也在不断加强平台的社交属性，比如逐渐新增的影讯、影评、活动及剧照的分享功能，来拓展其传播路径。除此之外，在细分板块中受众也能浏览影片的相关资讯（演员阵容、剧情简介、影片中的短视频和图片、幕后花絮和经典台词等），发挥平台的媒体属性。

在这一板块中，用户可以观看近期将要上映影片的预告片，推荐预告片部分方便观众进行观影选择，激发其潜在的观影欲望。同时，近期最受期待影片板块利用猫眼电影平台的大数据资源实时统计每一部待映影片的想看人数，并从高到低进行排序，这一数据对于影院的后续排片工作具有非常高的指导意义。

2. 影院板块

影院板块是用户最终选定观影地点的必备环节，在这一板块中，用户可以通过移动终端的自动定位功能来选取距离最近的影院，也可以利用平台通过"距离"来默认排列的影院列表进行选择，在列表上同时标注影院的参考票价、具体地点以及影院相关信息（如是否支持退票、改签，是否提供小食等）。

3. 发现板块

发现板块主要设置了四个二级界面，即话题、资讯、榜单和票房板块。

在最新版本的猫眼电影 APP 中，话题板块无疑可视为原社区板块的延伸，具有极强的社交属性。在话题板块中，下设相关的电影讨论、活动促销、同城约电影、电影票转让等细分话题，每一个细分话题作为一个小型社区来运营，用户可对感兴趣的话题进行关注，并通过发帖或评论、点赞的方式发表自己的意见，通过不同的话题发现用户的不同兴趣点，并对其进行划分导流。

此外，在话题板块下的同城约电影板块，用户可以通过发帖来集结相同地区、志同道合的伙伴。通过笔者的观察，目前该板块的人气还比较一般，单帖互动次数绝大多数还维持在 100 以下。不过笔者认为该板块作为线上社群经济和线下社区经济的连接点，可以作为未来猫眼电影横向跨场景融合发展的一个爆发点，比如将相近区域用户的观影体验和互联网叫车体验进行融合，探索进一步的发展路径。除此之外，在深度影评板块，影评者大概分为三类，一是在微博、微信公众号中知名度较高的自媒体作者，二是平台的特邀作者，三是普通的电影爱好者。相比于短评部分，深度长评无疑具有更高的质量。而活动板块则是通过购票折扣、鼓励写影评、每日签到有好礼等线上及线下活动来激发用户的活跃度，提高其自身的参与感。

除了上述的话题板块，资讯板块更像是对影片相关信息的再加工，即媒体属性的延伸。

榜单板块通过每部影片口碑和票房的每日更新，甚至可以绘制出消费图谱，了解在某一时间段用户的观影喜好及热映电影的每日票房信息，不仅对院线排片有一定的指导作用，后面的经典电影 TOP100 及小众话题电影的评分推荐还对用户的日常观影具有一定的指导作用。

票房板块是猫眼公开的平台大数据信息，包括上映影片的实时票房信息（每30分钟更新一次）、不同地区的影片单日排片率以及不同影片的上座率数据。此外，各大影院的相关票房收入、单日观影人次等数据也包括在内，这些数据信息可以视作猫眼平台未来发力电影上游产业的重大资本。

4. 我的板块

我的板块主要集成了猫眼平台中的个性化信息，包括个人名称、等级、订单查询、会员中心、优惠券等。电影成就则实现了对用户精神层次的鼓励，此外，值得注意的是影院会员卡板块，这是猫眼电影的新上板块，意在打破传统互联网影票售卖打低价战的陈旧模式，逐步与院线合作，实现电商平台和院线的双赢。除此之外，上映影片相关 IP 的衍生品销售也逐渐成了新兴的发展路径。

（二）猫眼电影发展优势分析

1. 平台的大数据优势

猫眼电影从最初只有团购影票、发布影讯的简单功能，逐渐发展为集社交和媒体属性于一身的电影互联网电商平台，在发展过程中，大量用户真实消费及评价数据的积累成为平台最宝贵的资源。对于院线方面，影片的实时票房数据和上座率数据可以指导院线的后续排片，避免因上座率不足导致的排片失误。对于制片方来说，大量的有效用户评价信息无疑为当前用户的兴趣点做了较为精确的预测，了解到电影市场中主流观影人群的消费需求、观影喜好，进而做出既有内容又符合市场需求的优质电影。对于猫眼电影平台本身来说，庞大精确的数据库成为不少媒体描述影片时引用票房等数据的直接来源，在这类报道中，猫眼电影出现的频率越来越高，这在无形中增加了其曝光率，提高了知名度。

在 2015 年 2 月，猫眼电影发布了《2014—2015 中国电影大数据深度解读》，这份报告中的一些数据对于了解平台的主要用户群有一定的指导意义，报告中提到"90 后"已经成为观影主力，其中，女性观众占比超过半数，且不同年龄层的用户对不同类型的影片偏好不同，那么，根据不同影片类型进行精准宣传就成为可能。再比如，在 2015 年国产贺岁片《智取威虎山》的上映期间，猫眼电影就利用了平台的大数据深入分析了不同区域用户对该片的喜好程度，并据此安排排片，最终助力影片《智取威虎山》以 8.8 亿元的票房成绩登顶贺岁档票房冠军。

2. 高活跃度的平台用户

截至 2015 年年底，在猫眼电影平台上有过购票行为的用户数量已超 1 亿，且日活跃粉丝数量超过 1000 万，平台上的在线选座购票业务已覆盖全国 700 多个城市，合作影院达到 5000 家。

值得注意的是猫眼电影平台中的用户评论板块。美团网 CEO 王兴在 2015 年 4 月 18 日的《猫眼是改变的开始》主题演讲中提到，2015 年以来，猫眼电影上的用户评论人数已经超过其他几大售票网站评论人数的总和。同时，作为售票的电商网站，猫眼电影上的评论在很大程度上代表了网民的真实观影感受，评论也多是真实观影后写出的评价，因此，相比于豆瓣等社区网站上的影片评分，猫眼电影上的影片评分更能够观察到普通大众对该片的喜好程度。此外，在对两个平台中的影片评分进行对比分析时发现，豆瓣上评分较高的电影票房却不一定高，在豆瓣上参与评分的多是一些资深影迷，还包括一些文艺青年，其评分标准与喜好势必与普通大众有一定的差异，造成"精英评论，大众观看"的现象，对比之下，猫眼电影平台作为售票平台，其用户都是随时可能买票的电影用户、买家，都是具有高转化率的核心用户，因此，该平台上的评分、想看人数等数据在预测票房、安排排片等方面更具现实参考意义。

此外，话题板块的出现给了用户发表意见、交流心得的平台，因为发表评论的多是真实观影后的人群，其意见的参考价值对其他用户来说更高。就评论细分，可分为短评和长评，猫眼目前仍以短评互动为主。发表评论的主体主要分为三类，第一类是猫眼平台邀请的专业影评人，其特点就是内容质量高、更有影响力；第二类是电影爱好者，一般这一群体对影片有着较高的热情，通常也有较严格的要求，也是平台中影片内容消费的主力军；第三类是普通用户，其观影行为主要以消遣娱乐为主，频率较为随机，普通用户的评论以短评为主，主要目的是为了互动娱乐和情感宣泄。

因此，猫眼电影平台中以"PGC＋UGC"的评论内容，共同满足了用户进行互动和获取影片相关信息的需求。猫眼电影经历了从影片资讯到在线选座购票，再到社区板块引入和媒体内容完善的发展历程，逐渐形成用户观影的闭环。这一环节可以用消费者行为分析模型（AISAS）来概括，即利用影片资讯来获取关注（Attention），通过真实评价和视频片段来激发用户的观影兴趣（Interest），美团、大众点评等入口为平台导入流量，并通过地点、场次来搜索购票相关信息（Search），做出购票行为（Action），通过写影评，给影片、影院评分或者分享至社交网络来完成信息共享环节（Share），而社交网络上的分享信息以及美团、大众等平台入口则能够实现用户流量的导入，进一步打造用户观影的闭环。

3. 融合产业上游的新型发展模式

随着平台的发展壮大，猫眼电影不再满足于影票的售卖环节，而是已经开始涉足电影产业链中的上游环节。2014 年 9 月 30 日，《心花路放》在全国热映，而猫眼电影与该片的制作方和发行方合作，深入影片的发行环节，直接以联合出品方的身份出现在大众眼前，而猫眼电影也成为该片的独家预售平台，且独家预售票房高达 1.1 亿元。可以说，这次合作是猫眼电影打入电影产业链上游的一次尝试，并取得了不错的成果。

（三）猫眼电影发展中出现的问题分析

1. 盈利模式不明晰

在猫眼电影的高度市场占有率和票房贡献率的光鲜外表下，仍存在盈利能力较弱的问题。影片收益的绝大多数都被用于电商网站低票价的补贴，比如在猫眼平台中，常有未上映影片点映场的超低票价抢购活动，虽然捕捉到了大量的影片核心消费人群并带来了一定的流量，但制片方和影院约定的最低票价与电商平台发售的低票价之间的差额则需要制片方或电商平台来填补。

笔者认为，打价格战、实行低价票补只是一时的办法，长久的烧钱模式只会损害电影业的健康可持续发展，所以在线购票平台找寻新的发展模式才是当务之急。

2. 市场竞争逐渐激烈

猫眼电影可以说是电影在线选票平台的鼻祖，但随着近年来不少同类平台（如百度糯米、微票儿、淘宝电影等）的发展壮大，猫眼电影的市场份额正在不断缩水。

易观数据显示，2015 年第一季度，通过猫眼电影达成的交易占全部网购电影票交易额的 70%，到了 2015 年的第三季度，占比下滑至 26.73%，而到了第四季度，猫眼电影占据的份额再次下滑到 25.87%。

除此之外，与院线关系紧张也成为猫眼电影在前进路上的一块绊脚石。在竞争对手百度糯米与各大院线通过发售联名会员卡展开深度合作模式之际，猫眼电影却于 2015 年第三季度被爆出其试图通过票补来控制万达院线的排片，并差点遭到万达封杀一事。因此，在这种情形下，如何找到合适的道路同时满足自身和院线等多方利益、打造共赢的生态圈尤为重要。

三、猫眼电影未来发展路径分析

（一）产品迭代方面

1. 增强用户联动

在猫眼电影 APP 的使用过程中，笔者发现，各话题平台中的用户关系较弱，用户之间并不能产生很好的联动效应。这可以通过增加猫眼电影平台中有趣的话题板块，并适当减少专业影评人的数量来改善。虽然高质量的 PGC 内容能够提升平台整体的评价水平，但却减少了用户之间的互动，而短评依然是互动性较强的评论方式，因此适当改变评价的设置方式不失为增强用户间互动的一条途径。此外，同城约电影板块的深度发展也有利于加强用户间的互动，且"同乡"的身份也能帮助拓展可信任的社群关系。

2. 加大分享力度

猫眼电影售票者的身份在网站用户中已经根深蒂固，大多数使用者都是在平台中获取影片信息或直接完成购票行为的。用户对于平台中的资讯及购票内容的分享兴趣不大，因此可适当通过奖励、活动等形式引导用户对平台信息进行分享。

3. 拓展三、四线城市的业务

2015 年全国电影在线售票数据显示，目前一、二线城市的在线售票市场几乎已经饱和，而三、四线城市的增长较快，且有一定的发展空间。

（二）平台迭代方面

1. 打造全新的电影 O2O 生态

从电影在线售票的整体环境来看，笔者认为，如何使线上购票和线下体验两个环节完美融合才是最重要的。用户从对一部电影感兴趣并完成在线购票的过程只是第一个环节，平台上的技术改进也只是对这一环节进行完善，但这还远远不够。用户购票后才是下一步各大平台及影院需要考虑的问题，如何提供服务，如何为用户提供极致的体验，能做到这一步才能够真正提高用户对平台的留存率，当低价不再具有竞争优势的时候，电商平台还是要靠良好的口碑和用户体验来留住用户。

电影《小时代》上映时，乐视成立了 1000 多人的实习生系统，分布在各个影院，穿着影片中的学生服来演唱主题曲《时间煮雨》，使影院现场变成了以影片内容为主的狂欢，给了用户一次难忘的观影体验。再比如，时光网正在深入开发大电影生态圈，打造服务产品后电影市场的全产业链平台，其在 Mcon 衍生品大会上隆重推出了 2016 年即将上映的一系列热门影片的衍生品，让参与者充分体验到了电影文化的魅力。

从猫眼电影的角度来看，其产品的核心功能已基本成型，如何从产品向平台进行转化则成为重中之重，目前猫眼电影在这方面已取得了一定的成就，包括平台在线商城中电影衍生品的售卖、与影院合作推出会员卡以及影院小吃团购等方面。未来猫眼电影可考虑与影院周边的美食、冷饮店拓展合作，甚至可以与打车软件进行合作，打通娱乐、出行、餐饮等多个领域，实现电影业的延伸价值。

2. 打通产业链闭环

从发展状况来看，目前猫眼电影较成熟的发展模式还只是作为售票环节参与在电影产业中，并没有形成电影产业的闭环。但猫眼电影与影片《心花路放》的合作可以看作是其拥抱电影产业链上游的努力，联合出品、发行之路也为猫眼电影带来了新的发展可能。

2016 年 4 月，王兴宣布将猫眼电影正式拆分，成为一家独立运营的公司。这样一来，在未来的发展过程中，猫眼电影可以继续深入与电影上游产业的合作，包括参与电影的宣传发行，甚至是直接参与电影的投资环节；同时也可以向下游发展，与各大院线进行深入合作，比如发行影院平台联合会员卡、销售电影衍生品以及加强用户的现场体验（3D 技术、VR 技术）等；同时横向发展，与多种领域进行融合发展，比如吃、喝、玩、行等不同生活场景。除此之外，就猫眼电影平台本身来说，要着力打造猫眼娱乐媒体平台，合理、充分利用平台中的数据来提高其自身的价值和运作效率。

《芈月传》网络传播策略分析

牛　敏

如今，网络全面渗透到普通大众的生活中，人们的交往方式和传播行为发生了极大变化，原有的传播秩序和传播结构在互联网的冲击下被打破重组，代之而起的是网络传播新生态。网络传播具有与传统传播方式截然不同的本质特征：互动性、即时性、个性化、传播成本费用低、权利平等性、多元性。本文将以热播剧《芈月传》为例，力求详细解析电视行业在网络平台中的传播策略。

一、电视剧网络传播的特点

伴随网络技术的飞速发展，微内容、极速性、多终端、个性化的网络新媒体深刻改变着人们的生活方式、思维习惯和社会关系，传媒格局也因此而产生裂变。近两年，随着网络视频业务的迅猛发展，视频网站成为人们观看电视剧的新平台，电视剧因此实现了网络传播。

因为网络传播自身具有传播与更新速度快、成本低、信息量大、检索快捷等特点，所以电视剧在网络媒体的传播呈现出传播范围广、受众广泛、参与互动性强的优势，打破了传统媒体中电视剧的单向线性传播方式，给受众带来不一样的媒介体验。电视剧的网络传播一种是指传统意义上的电视剧产品，由制作公司等通过电视台以外的网络渠道进行传播；另一种是指近年来新产生的网络剧在网络媒体上的传播，它以网络作为唯一的传播渠道，如网络剧《赵赶驴电梯奇遇记》。

二、《芈月传》网络传播策略探析

在内容为王、媒体为王的泛媒体时代，电视剧的网络传播将以往受众位于传播过程末端的规律打破，开启了新一轮的传播活动。网络的互动性使得受众的角色多重，不仅是信息的接收者，也是信息的传播者和制造者。电视剧受众在网络传播的影响下从传统观看方式的禁锢中解放了出来，积极发挥自身的主动性，将网络媒体对于电视剧传播的效果发挥到了最大化。

（一）以强大信息流为公众设置议程

1972 年，麦克姆斯和肖在《舆论季刊》上发表文章，公布了一项他们最新的研究成果：媒体议题与公众议题之间有着显著的相关性，并相信"媒体的议题影响了公众的议题"，这就是议程设置假说。曾经一度有人质疑议程设置假说在互联网时代是否适用？麦克姆斯给出的答案是：断定议程设置功能衰退为时尚早。这一说法似乎为今日的"芈月热"所证实。

未映先火的影视作品不在少数，而坐等开播的现象却是少见。《芈月传》两大网络播出平台（腾讯视频和乐视视频）的数据显示：腾讯视频宣布《芈月传》上线 10 小时播放量即达 2.5 亿，超过千万人熬夜等到凌晨更新看《芈月传》；乐视视频发布公告，《芈月传》在首播 12 小时候就突破了 2.6 亿的播放量，连带刺激乐视 APP 下载量持续走高。两大电视播出平台的北京卫视以全国网 1.97% 的成绩问鼎收视冠军，在北京地区的平均收视率达到 12.2%，创下北京卫视有史以来电视剧首播日全国与本地的"双项"最高纪录；另一播出平台东方卫视以 1.8% 紧随其后。

全民"芈月热"的盛况得益于制作方的精心布局。《芈月传》的制作方和出品方花儿影视深耕影视界多年，算是业内翘楚，之前的大热剧《甄嬛传》便是其代表作之一。制作方选择在《芈月传》未开播前，将宣传内容附带在热播的《甄嬛传》中，开始为市场预热，一步步设置议事日程。

1. 有节奏地"放料"，引导外界关注

2014 年 9 月，推出孙俪的单人定妆海报，掀起第一阵话题热潮；2015 年 7 月，由腾讯与乐视一起推出 26 分钟的超长片花，开始引爆网络讨论热情；2015 年 10 月，作为网络播出平台之一、同时也是花儿影视母公司的乐视网发布了一组 Q 版《芈月传》海报，让大众对该剧有了更多的期待；2015 年 11 月 6 日，《芈月传》主题曲首播，之后在微博、微信掀起各种话题讨论高潮。

2. 媒体"吹风"，剧透＋科普策略来拔高期待

剧方除了自发"放料"，还特别擅长借媒体之力向翘首期盼的网友不定时"剧透"，扩大传播效应。

首先，利用"稳重组合"策略，开拍伊始就放出"《甄嬛传》原班人马"等消息，利用《甄嬛传》的群众基础，剧透演员消息让娱乐圈聚焦，与《甄嬛传》对比吸睛，演员配合出品方宣传，微博更新吸引评论。其次，通过媒体不间断地向网友放出周边消息。《芈月传》有计划地向媒体公布拍摄细节。比如剧方向媒体透露，《芈月传》对于细节十分考究，剧情、服装、礼仪等都有较为真实的历史依据，并为还原历史风貌花重金重塑整个场景等。此外，剧方还联合 KOL 进行"强效传播"，如依托当红科普类微博大号"博物杂志"的 200 万粉丝，引出"芈月与秦始皇之间的关系""兵马俑到底是秦始皇的，还是宣太后的"之类的历史话题，吸引用户注意，提升传播度。

（二）利用弹幕传播双向实时互动

弹幕原指射击类游戏中出现在屏幕上的非常密集的子弹。随着一些可对视频进行即时评论并将评论以字幕形式同步显示于视频播放内容之上的网站的出现，弹幕开始用于描述这些像子弹一样划过屏幕的评论。简单地说，弹幕就是即时评论字幕。需要说明的是，就弹幕的具体内容而言，这些评论并不仅限于观点或意见的表达，而包括剧透或改编原视频内容等叙事行为，比传统意义上的评论的内涵更为丰富，相当于一种"可视化旁白"。弹幕发送者被称为弹幕族。弹幕视频即已经添加或者可以添加弹幕的视频。

弹幕视频是媒介融合的产物，该类视频将电视、电影等视频资源与互联网、手机等新媒体串联起来，受众可以通过手机与互联网对播放内容进行即时评论，而评论字幕会被同步显示在视频播放的荧屏上，这在一定程度上"改编"了原视频的文本内容与意义，使之演变为一种开放性的文本。发送弹幕的弹幕族是该叙事文本的叙事者之一，能自由发出自己的叙事声音。弹幕族的主动性、个性化等会影响到弹幕视频的叙事视角、叙事层次和非叙事性话语等叙事要素，使受众对相应视频的叙事化解读变得更为复杂多元。同时，弹幕视频创造出一种共时性的叙事时空，为观众营造了一个共同观看视频的虚拟空间。

弹幕深入地诠释了数字传播的互动性。在弹幕传播关系中，UP 主，即视频上传者将原创或非原创视频发布上线，并由网站工作人员按门类进行区分、排列和呈现。视频用户，即受传者用发送弹幕的方式把观感、评论直接显示在视频画面上。就一定程度而言，弹幕用户变成了该视频的信息传播者，原本的 UP 主也成为新生信息的受传方。传者、信息、受者三个要素在弹幕空间中不再以直线式、单箭头存在，而是形成了以信息为"中介"的双向互动关系和受传者之间的点对点互动。弹幕传播对传统受传关系的颠覆不仅体现为受传双方之间，还体现在千万受传者之间。广大弹幕用户，即受传者不只与传播者进行"绑定"，他们之间也同样存在着信息流动的互动关系。一段弹幕飞入视频画面，即意味着将观点分享给每位视频观众。任何人都可以针对这段弹幕进行延伸、生发和再评论。原本一对众的传播模式，由于用户间评论的即时性、针对性，弹幕互动也实现了点对点、一对一的信息交流。

《芈月传》宣传团队将弹幕传播运作得可谓风生水起。乐视网和腾讯视频两大视频平台联手，无论是开播前的预热营销策划，还是上线当天的网络节目互动，抑或是开播初期三天的弹幕体验助推剧集。正式上线后，《芈月传》一众主演与网友弹幕互动上演了3天的"芈月群星弹幕互动"。主演们分享剧情及拍摄背后的故事，吸引网友追看。《芈月传》目前在腾讯视频的弹幕互动总数约为2600万条，单集最高弹幕数超过100万条，整体评论数达48万条，单集的评论数达1万条以上。乐视上的弹幕互动总数也达到80万条左右，单集最高弹幕数约3万条，整体评论数为32.8万条，单集的网友评论在6000条左右。不难看出，视频平台在固有的互动渠道都取得了不错的成绩，而腾讯视频则呈现出年轻用户聚集的特性，互动需求更明显。

（三）微博的病毒式传播

微博是一种新型的社会网络，与传统社会网络（论坛、社区等）相比，微博信息具有传播速度快、辐射范围广、交互性强等特点。用户间通过"关注与被关注"机制建立虚拟社交关系，且用户间进行关注不需要对方的确认，因而用户可以随时关注自己感兴趣的人，收听其发布的信息。当用户发布信息后，信息会被推送给所有粉丝，粉丝看到该信息可进行评论或转发，推动其进一步传播。这样一种基于口碑传播，以网络社交媒体为主要平台的，借助节点受众之间的人际关系网络，通过受众主动参与实现信息裂变式蔓延的低成本、高效率的信息传播方式即为病毒式传播。

微博的诞生开启了自媒体传播的黄金时代，其零门槛发布、搜索关注、转发评论、话题聚合、实名认证等功能成为病毒式传播的基础，病毒式传播也已成为微博话题传播的常用策略。我们通常认为构成微博病毒式传播的要素为：有吸引力的病原体（话题本身）；传播途径（微博人际网）；易感人群（转发受众）。

对于现象级大剧《芈月传》具有先天优势的乐视网在生态产业链之间、各环节内、各环间的强关联也令"芈月现象"如滚雪球般极速膨胀，而乐视网也投入更多内容，联动线上和线下继续推热"芈月现象"。《芈月传》的讨论热度也创造了年度之最。据百度搜索指数显示，《芈月传》全网搜索趋势从11月中旬开始持续增长，在开播当日更是创造出搜索高峰；而最能凸显讨论热度的社交媒体话题榜，早就被《芈月传》以无人匹敌的"霸榜"姿态攻陷了。12月1日，开播仅一日，微博话题榜上的#芈月传#讨论量已达惊人的8.8亿。各大收视、舆情基地早已被《芈月传》拿下，一部电视剧俨然变身全民狂欢的讨论话题。我们就此案例分析其多层传播模式。

1. 初级传播模式

初级阶段，在保证信息吸引力和话题性的基础上，信息制造者将信息投入信息碎片中，人为操纵或自然获取第一批粉丝转发。

《芈月传》《甄嬛传》两剧由相同的班底打造，同样是古装题材，即便《芈月传》还未播出，难免就会被人拿来比较，保证了话题性。同时乐视官方、《芈月传》剧组微博频频发声，主动发表独家视频及剧组信息等，剧中明星刘涛、高云翔等人纷纷在微博上进行转发。

2. 二级传播

在二级传播阶段，由大V意见领袖作为二级传播群体，进行文本的再创造和扩散，逐渐影响粉丝，推动话题迅速升温。

在"芈月现象"案例中，刘涛、孙俪等早期传播的明星成为话题的二级传播者。他们的转发将"芈月现象"引向全民大众，使话题进入快速成长期。而邓超通过不断在微博曝出孙俪在剧中的鬼畜表情更是引起大量网民的围观互动。

3. 三级传播阶段

在三级传播阶段，普通用户自发参与，话题开始裂变式扩散，正式升级为热点新闻，吸引纸媒、网媒等媒体引用报道，话题热度达到巅峰。

2月1日，开播仅一日微博话题榜上的#芈月传#讨论量已达惊人的8.8亿，各大收视、舆情基地早已被《芈月传》拿下。随后与《芈月传》有关的话题进入微博"热门话题"分类，并快速刷新阅读和热议数，话题进入明星领衔、全民爆发的高潮阶段。

在当前的社会发展形势下，我国的广播电视行业发展速度如日中天，而且目前的传媒娱乐事业的发展取得了较好的成绩，这就为广播电视行业的进步奠定了良好的发展环境。但是我们必须根据当前的基本现状和安全问题制定相应的对策，从而更好地提升广播电视行业的发展质量。互联网思维下的新型营销模式固然有效，也必须充分考虑到类型电视剧除了作为商品的特殊性以外，也不能盲目追求经济效益的最大化，而是要将其经济效益和社会效益密切联系起来，坚决杜绝低俗的电视剧流入市场，走向荧屏。

参考文献

［1］常昕，李庚轩，朱莹. 媒介融合视角下的"弹幕"传播［J］.传媒，2015（2）：52－54.

［2］邓江爱，何纯. 弹幕视频的叙事化审视［J］.邵阳学院学报，

2015（5）：99－103.

　　［3］郭镇之．关于大众传播的议程设置功能［J］．国际新闻界，1997
（3）：18－25.

　　［4］曹茹．新媒介环境中议程设置的变化及其实质［J］．河北大学学
报，2008，33（4）：119－122.

　　［5］陈思妤．微博话题的病毒式传播模式及特性研究［J］．科技传
播，2015（8）.

　　［6］张逸筠，梅郁盛．电视剧网络传播对受众的影响［J］．新闻前
哨，2013（4）：76.

"互联网＋演唱会"，新价值创造

提晓然

在"O2O"已成为老生常谈的今天，线下实体产业与互联网紧密结合，各行各业都衍生了新型产业模式，其中，音乐产业与互联网的结合已深入人心，音乐搜索、音乐电台、在线KTV①、在线MV（Music Video，音乐短片）等音乐产业线上模式蓬勃发展。演唱会作为传统音乐产业中重要的一环，它的线上模式虽不及音乐产业中其他音乐形态发展迅猛，但其与互联网结合后形成新兴产业模式也势在必行。演唱会与互联网的结合基于传统场地演唱会的基础上，视频网站对演唱会进行转播或录制，被称为在线演唱会。我国在线演唱会的兴起源于2014年8月4日，歌手汪峰在国家体育场举办的"峰暴来临"演唱会的成功举行。该演唱会与视频网站乐视网合作，采用"场馆演唱，现场直播"的方式，在视频网站上对演唱会进行了实时网络直播，引起了业界和广大观众的热烈反响。

一、在线演唱会发展现状

早在2012年，乐视网就在其视频网站上推出了"Live生活"板块，定

---

① KTV指配有卡拉OK和电视设备的包间。（K指卡拉OK；TV，英televsion的缩写）。

位于高端精品 Live（直播、现场版）音乐会，用"高品质制作＋高品质互联网直播＋限量现场观众"，实现音乐 Live 与互联网的良性互动。然而在初期，由于技术的限制仅能对小型音乐会进行转播，音乐会直播模式并未被广大观众熟知和认可。直到 2014 年 8 月 4 日"峰暴来临"演唱会的成功举办，才引起了大家的广泛关注，这次直播中 7.5 万人次付费观看的成就，开创了在线演唱会的先河，也给予其他视频网站以信心，开始纷纷与音乐人合作举办在线演唱会。至今，几乎所有较具影响力的视频网站都推出了演唱会直播板块，在音乐产业中被小众享有的演唱会，被越来越多的大众所接受，互联网功不可没。这其中有几家视频网站异军突起，在线演唱会这一新兴产业做得风生水起。

1. 乐视视频

乐视视频（原名乐视网）作为乐视旗下专业的影视剧视频网站，在其音乐子网站中可以看到《超级演唱会》与《Live 生活》两大栏目，它们是乐视视频为在线演唱会专门打造的内容板块。《Live 生活》是国内首档互联网概念的精品互动音乐会产品，它着眼于高品质的小众音乐会的转播，自 2012 年 8 月 9 日开启的第一季"影响"系列，至今已做到了第六季"降噪Ⅱ"系列，在这六季共计三十多期的小型演唱会的直播中，乐视视频不断摸索演唱会的直播合作模式，同时磨合发展直播所需的设备技术，为其之后直播大型演唱会积累了大量的实战经验。

之后令乐视视频在演唱会直播上大展身手的便是 2014 年 8 月 4 日的"峰暴来临"演唱会，汪峰这场演唱会最大的意义在于，在线演唱会经历了长达两年的探索试验，终于崭露头角，开始被各大视频网站纳入到长远的商业发展计划之中。之后乐视视频的超级演唱会栏目正式上线，合作的音乐人从国内的小众歌者到国际巨星，直播的地区也从国内延伸到美国、英国、日本、韩国、巴西等国家。以专业长视频见长的乐视视频在音乐子网站的各个板块中都逐渐加入了直播模式，格莱美、音乐节、音乐人专栏……这些视频栏目不只对音乐活动现场进行直播，之后还会在网站放出录播视频供乐迷们回放观看,尤其是音乐人汪峰、邓紫棋和SNH48在乐视视频上拥有自己的《超级官网》,其中就有乐视视频独具特色的轮播台模式,可以无限循环艺人的演出和专访视频,24小时不间断地宣传造势。《特写时间》栏目从音乐人的演唱会幕后入手,对音乐人进行现场专访,更紧密地与合作艺人接触,使乐迷们全方位地了解自己喜欢的音乐人。

2. 腾讯视频

腾讯视频对在线演唱会的重视在其网站首页上就能看出,不光在网页置顶的滚动广告中常年放置在线演唱会的预告,而且直接把演唱会作为子网站,显示在首页。腾讯视频2014年推出Live Music音乐平台品牌,主办的第一场在线演唱会——张惠妹的"偏执面"新歌演唱会——就取得了线上观众超过了100万人的不菲成绩。之后更是定位于打造"高大上"的在线演唱会,加强与国内外大牌歌手合作,依据歌手的档次定位、粉丝的兴趣等因素分6个板块呈现多视觉体验的在线演唱会。由Live Music直播的TFBOYS(加油男孩)粉丝见面会,全程超过317万粉丝在线观看,是目前为止在线演唱会"首日最多网络预订""网络预订总人数最高""直播全程最多在线人数""金曲票选参与人数最高"以及"回顾专辑最高点击量"5项行业纪录的保持者。虽然腾讯视频的巨星演唱会模式基于免费,但在观众直播观看习惯养成后,免费模式所吸引的固定观众群会为增值服务买单,增值服务的收入预期会大大增加。

在腾讯视频的音乐子网站中,《大事发声》是腾讯视频与Street Voice街声共同出品的一档Live现场音乐类节目,将直播现场选在北京指标性录音棚内,邀请众多具影响力的原创音乐人,以不同的音乐主题元素,创造前所未有的网络直播新体验。这种不同于传统演唱会的举办模式,为在线音乐的视频直播提供了多种可能性,也给观众带来新鲜感。

3. YY玩唱会

在线演唱会不仅仅局限于大型的场馆演唱会,演唱会本身是指在观众面前，具有一定规模的现场音乐表演，表演主体可以是单独的音乐人也可以是音乐团体的集体演出，演唱会的特别之处在于其现场性。YY 玩唱会是由 YY 娱乐主办的在线直播的大型系列网络互动音乐节目，秉持线上和线下高度互动，通过线上直播的方式，让无法亲临现场的歌迷通过线上直播参与到演唱会中，与现场进行互动，强调"玩"与"唱"并重。例如，针对不同艺人的风格确定玩唱会主题，"开场召唤"由线上的观众发送艺人的名字来召唤艺人出场，玩唱会舞台屏幕实时展示网友的发言和送出的礼物等。由于 YY 直播网站的用户长久以来形成了良好的线上活跃度和参与度，往往线上的网友发言与"刷礼物"的狂欢气氛不亚于现场。玩唱会的内容更像一场"在线演唱会＋粉丝歌友会"，对巩固艺人与粉丝之间的关系有显著效果。

YY 玩唱会体现了互联网时代下的网络现状，人们的个性化越来越凸显，越来越难以"讨好"，单纯地对场地演唱会进行转播、录制，已经不能够满足浸染在互联网环境下的广大观众的需求、艺人签约发布会、新歌演唱会、小型主题音乐会……与音乐有关的一切现场直播都应纳入其中，"互联网＋演唱会"也要玩出新花样。

其他视频网站也开始在在线演唱会上大有所为，爱奇艺与环球音乐达成深度战略合作，双方将打造涵盖环球音乐顶级演唱会在线直播、完整MV 版权库、艺人合作和衍生开发在内的全面深度合作，芒果 TV、优酷、搜狐、KK 唱响等视频网站也承办了大大小小的演唱会直播。在在线演唱会逐渐形成气候之时，如何创新模式，以独特的直播吸引观众，是各大视频网站努力的目标。

二、在线演唱会的盈利模式

在线演唱会实质是具有即时属性的媒体视频，与电视剧、电影视频同理，在盈利模式上不可避免地植入广告能够为视频网站带来直接可观的收入。然而在线演唱会即时性的特质又区别于普通的视频观看，在付费观看上，在线演唱会似乎要比其他视频类型推行得更为顺利。下文将避开传统的广告、冠名收入，仅从演唱会直接创造的盈利价值出发，探讨目前我国在线演唱会的盈利模式。

1. 付费模式

2014 年 8 月 4 日的"峰暴来临"演唱会是汪峰当年全国巡演的最后一场，这场演唱会在线模式的付费观看，是乐视网音乐总监尹亮在经过几轮观察才后向汪峰建议的，30 元的直播定价参考了视频网站通用的月度会员价格，被认为是一个可被普遍接受的付费门槛。然而，在数字音乐的免费模式陷入尴尬格局的环境下，付费观看演唱会视频似乎并不是一件明智之举，所以在选择直播合作的音乐人时，除了衡量音乐人的知名度，现场演唱会在直播视频中的效果呈现也尤为重要。乐视视频为了保证视频传输的稳定性，不惜斥巨资租借卫星来传输信号。专业的转播导播，使得演唱会现场尽可能精彩地呈现在视频中，这对于不能亲临现场的乐迷来说是巨大的福利，也同样吸引了一些对演唱会感兴趣却对高昂的门票望而却步的普通观众。据目前的统计数据分析，收费模式的在线演唱会收入与线下票房基本持平，但我国网民的视频消费习惯现在正处于初步培养阶段，一旦收费模式被广泛接受，在线演唱会的电子门票收益将会越来越大，毕竟演唱会线下的座位有限，线上的"座位"却是无上限的。

除了视频网站自身的在线演唱会付费定位外，有的艺人经纪公司从艺人的定位出发，要求合作的视频网站进行收费直播，并与其分成。此种合作模式并不常见，这不仅要求艺人本身有庞大的、稳定的、具备一定经济能力的粉丝群体，视频网站也要有成熟的技术平台足以承接高端的演唱会现场。仅有的案例是，一直推行免费模式的腾讯视频在直播 BIGBANG（韩国组合）［MADE］巡演首尔最终站时，采用了网站好莱坞会员免费观看和 12 元可享受"直播 + 无限次回放"的双收费模式，截至目前 1382 万次的播放量证实了这次合作的成功。也反映出，想让收费模式的在线演唱会获得收益，视频网站要慎重选择合作艺人，以达到预期目的。

2. 免费模式及其附加值

目前，我国网络免费视频的最大收益仍是流量变现，中国网民长久以来形成的免费享有网络资源的习惯很难改变。虽然汪峰演唱会的成功已证明了在线演唱会的付费收看模式有很大的可行性，但与同月31日举办的张惠妹"偏执面"在线演唱会数据相比，可看出免费模式的巨大优势——由腾讯视频主办的张惠妹"偏执面"演唱会是网络上第一个实行免费收看的在线演唱会，当日的线上观众超过了100万名，而汪峰的演唱会直播仅有7.5万人次付费观看。腾讯视频音乐频道负责人冯涛表示："最终我们认为免费更有利于我们在整个音乐领域的发展，能帮助我们占据行业的制高点。因为收费毕竟是门槛比较高的，网友参与度也就不高。"而真正具有最大价值的，是隐藏在免费直播背后的粉丝数据，腾讯视频的用户登录方式是QQ或微信账号直接登录，这些伴随我们生活多年的账号带有的个人信息数据，直接为腾讯视频提供了大数据资料，所以在TFBOYS FANS'TIME的视频页面中，我们能够看到"粉丝大数据"显示，女性观众占比78%，重庆、北京和广州地区的观众最多，"90后"占比59.4%等精确的粉丝数据。免费模式能够吸引更多的观众，使数据更详尽，在免费模式的背后，是腾讯视频收集大数据资料、从策划角度切入演唱会产业、做在线演唱会主导方的巨大野心。

腾讯视频实行免费收看模式，并非是放弃在线演唱会带来的直接收益，而是退而求其次从别的地方寻求收益的入口，在娱乐产品开发上有所长的腾讯公司，选择从音乐产业的"粉丝经济"角度出发，服务粉丝，推出虚拟钻石、虚拟花环、虚拟鲜花等可用Q币购买的虚拟礼物，粉丝可以购买这些礼物为自己支持的音乐人增加"人气"、表达自己的爱意，并且在演唱会直播期间送出礼物前几名的粉丝，会得到与演唱会有关的明星签名专辑或限量周边，这也大大刺激了粉丝的消费力。开创虚拟礼物先河的并非腾讯视频，其最大的消费市场非在线秀场莫属，在线秀场的直播一直有主播与网友互动"刷礼物"的传统，YY玩唱会基于秀场粉丝的消费习惯，为每一场艺人定制个性化礼物和玩乐会专属模板，并且每当有粉丝送出1314个礼物时，便可以成功触发舞台特效装置，为偶像的演唱喷发出唯美的泡泡或者干冰烟雾。玩唱会的互动气氛加上粉丝的参与感、为偶像埋单的荣誉感，会推动这种营收模式的发展。

三、"互联网＋演唱会"创造新的价值

"互联网＋演唱会"并非是演唱会与互联网的简单结合，要想使传统产业在互联网中能持久创新的发展成熟，把互联网仅仅当作平台是不够的。一切产业的发展都离不开以"人"为核心，现今存在的O2O垂直模式都离不开与人们生活息息相关的吃、住、行、游。在线演唱会要想做好，也需要从"人"的角度出发，即以观众为本，利用互联网专长，开发适用于粉丝经济的运营模式。

1. 基于互动的线上与线下融合

演唱会的成功之处在于其"现场性"，不同于听歌，在演唱会上观众与艺人真实接触，紧密互动，对于歌迷来说是一个狂欢的节日。现场的氛围和情感体验是独特的经历，艺人通过演唱会可以加强与观众的联系，与艺人的互动体验也使观众更加了解艺人，增加彼此的羁绊。在线演唱会虽然无法做到原汁原味地传达现场体验，但线上观众可以享受到更多的社交乐趣和更高品质的音乐视听效果。在线演唱会增强了观众的参与感，相较于在偌大的体育场声嘶竭力地呼喊，自己打出的弹幕、送出的虚拟礼物显示在舞台荧幕上更有荣誉感。场地演唱会的观众更加被动接受信息，在线演唱会却能实现传受者的双向互动。观众与艺人最好的互动体现莫过于在

演唱会预演前，观众可以在视频网页投票自己最想听的歌曲，排名前几位会被艺人优先考虑在演唱会上演唱。2014 年 9 月 27 日，莫文蔚在其"莫后年代"演唱会上演绎了由观众在腾讯视频票选的十首歌曲，这些歌曲拿到了共计 25 万的投票，这互动模式的成功之后也被其他视频网站学习借鉴。

在线演唱会的互动不仅体现在观众与艺人的互动上，粉丝间在线上视频留言区的交流、"吐槽"也增加了社交乐趣，观众因喜爱同一位艺人而聚集在一起，交流彼此的感受，这种情感体验唯有通过互联网才能得到。基于人与人之间的互动性而衍生的在线演唱会运营形态，最能获得观众的强烈反响，以此带来的收益也是可观的。互联网使小众的演唱会走向大众，在线演唱会双向互动的特性更是为演唱会开辟了新模式、新生态。

2. 线上与线下的双赢

对于视频网站来说，引入在线演唱会首先扩展了网站板块，丰富视频类型，为视频网站带来可观的流量。其次，收费或会员制观看、广告商赞助、产品植入等传统视频收入模式同样适用于在线演唱会，视频网站通过这些方式直接收益，加上虚拟礼物的收入，承接一场在线演唱会是不会让视频网站亏损的。然而最大的价值在于，视频网站通过一场 2 小时左右的在线演唱会，可以收集到观众的性别、年龄、所在地区等庞大的 ID 数据，这些数据对音乐人及其经纪公司、唱片公司独具吸引力，公司可以依据一场演唱会的数据调整接下来的通告行程、专辑定位，尤其是为演唱会举办地点的选取提供了可靠的参考。对于视频网站来讲，一场在线演唱会的数据不仅可以作为与艺人合作谈判的筹码，从长远发展来看，视频网站对这些核心数据加以利用，可以使视频网站从被动的渠道方转为拥有资源的内容生产方，例如视频网站在打造自己公司的艺人时，这些数据资料就是最好的技术支持。在互联网时代，大数据的价值是金钱无法衡量的，视频网站拥有得天独厚的优势可轻松掌握这些信息。

并非所有艺人都愿意与视频网站合作直播演唱会，他们最担忧的问题是，在线演唱会会分流线下观众，影响场地演唱会的收入。目前来看，这种担忧是多余的，现场演唱会的氛围是网络视频无论如何都复制不了的，有购买能力的观众仍会优先选择参与场地演唱会，反而在网上观看演唱会后有良好体验的观众会对现场更感兴趣。对于音乐人来说，粉丝是支撑事业的顶梁柱，演唱会又是粉丝经济的最佳力行方式。受限于时间、地区、场地等不可抗因素，传统场地演唱会的参与度有限，虽然演唱会门票相较于其他娱乐方式较为昂贵，但事实上演唱会是一个僧多粥少的市场，抢不到门票、黄牛的肆虐将大量的歌迷拒之门外。然而在线演唱会对于这些有一定消费能力的人来说是一个重要的补充，低廉的价格、不受限制的观看方式还会吸引除歌迷外的大量观众，也不失为培养粉丝的一种方式。况且，视频网站的演唱会大数据为唱片公司提供精准的粉丝分析，这是传统演唱会做不到的，寻求新的成功模式以持久发展要比追求一时的利益更有价值。我国现阶段的音乐传播非常依赖网络，实体音乐的固守版权也使数字音乐发展陷入僵局，唱片公司也在寻找数字音乐的新出路，线上直播的兴起不失为一个新出路。

在产业链条中，视频网站不再只是渠道，而是开始掌握资源，孕育新的产业价值的"孵化器"。在线演唱会的发展不仅反哺传统演唱会，还以互联网的方式创造网络视频业态的新价值。整体来看，使线上与线下互动紧密结合的在线演唱会，对内容生产方、运营方和观众来说利大于弊。

我国在线演唱会在视频网络的播放有直播和点播模式，直播就是实时的现场转播，与电视直播同理，网站视频与音乐现场同步。点播是指直播之后的演唱会视频，经剪辑修正后放在视频网站供网友观看。在直播模式中的传播权、版权购买会比较明确，而在点播模式中会涉及改编权、广播权、转让权等与经纪公司、唱片公司的版权问题。我国现在正处于在线演唱会发展的初期阶段，幸运的是，在线演唱会的发展恰逢我国网民开始培养网络资源消费习惯的好时期，数字音乐收费、电视剧视频收费模式已颇见成效。在线演唱会产业可以在现阶段以加强培养用户消费习惯、拓宽演艺市场、提升转播技术为中心，相信在线演唱会未来的道路会走得更顺利。

"互联网＋足球"：懂球帝 APP 分析

李孟远

2015 年 3 月 16 日，《中国足球改革发展总体方案》（以下简称《方案》）出炉，这部由党中央国务院决策部署的改革方案，从国家层面明确了足球的战略意义，也为足球相关产业的未来发展提供了巨大的市场空间。《方案》第四十二条明确提出，通过开发足球附属产品、培育足球服务市场，探索足球产业与相关产业的融合发展，构建全方位、全过程足球产业链，不断增加足球产业收益，形成多种经济成分共同兴办足球产业的格局；同时，《方案》第四十四条还提出要探索传统媒体和新媒体在足球领域融合发展的实现形式，增加新媒体市场收入。

可以看到，产业融合将成为足球改革的重要一环，而"互联网＋"作为当今最为流行的产业融合思路，已经开始渗透足球的相关领域，相关 APP 产品在移动端市场上层出不穷，并有部分产品开始聚拢了大量用户。其中以球迷社区为出发点的懂球帝 APP 是其中的代表之一。

一、懂球帝 APP 产品分析

（一）产品概况

懂球帝是一款专注于足球领域的垂直媒体与社区类应用，由北京多格科技有限公司开发，于 2013 年 12 月发布其第一版 APP。该应用提供足球新闻、深度报道、社区帖子等内容，拥有详尽的球员、球队、比赛等数据，可观看足球直播、视频集锦，可定制关注球队的新闻、微博、Twitter（推特）和 Instagram（照片墙）等信息。

（二）产品定位

根据国际足联调查以及国内《体坛周报》与《足球周刊》等常年的客户数据反映，中国国内常年关注足球的互联网用户应该不会少于 5000 万，随着足球改革的深入，这一数字势必还会提高。

懂球帝 APP 目标用户定位为足球爱好者，只专注做足球垂直领域的内容，为足球爱好者提供详尽实时的足球赛事新闻信息，获取专业足球写手的深度报道，并为足球爱好者提供交流平台。

（三）下载市场现状

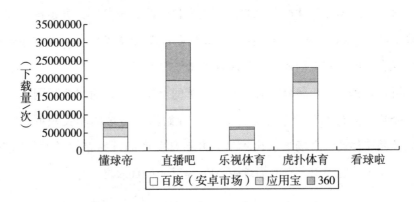

图 1　懂球帝及其竞品应用安卓端下载量统计

注：截至 2016 年 4 月 23 日。

数据来源：酷传应用监控。

从三大安卓端 APP 市场下载量来看，懂球帝对比直播吧、虎扑体育这类依托于网站的体育综合类应用在下载量上劣势明显，但略多于新兴的体育赛事 IP 大户乐视体育，对比同类型专业足球应用看球啦，还是具备明显下载量优势。

在 IOS 客户端，懂球帝在 App Store（应用商店）体育类免费应用排行榜上排名第 7，低于乐视体育（第 1）、直播吧（第 6），高于虎扑体育（第 13）和看球啦（未入榜）。

（四）产品内容结构

懂球帝各大板块优缺点分析。

1. 首页

优点：从内容角度讲，懂球帝的资讯内容全面且丰富多样，提供各类足球比赛的比赛结果，复盘分析，视频内容等；深度剖析类文章质量非常高，由懂球帝的编辑或资深足球评论员供稿，并接受球迷投稿，满足资深球迷的专业需求，并且也可以帮助球迷深入了解足球。

缺点：首页下的二级菜单分类过多且内容交叉，分为"头条""集锦""深度"等多达 15 项，切换分类操作繁杂。建议增加自定义筛选和排序功能，方便用户对分类内容进行定制。

2. 直播

优点：赛事直播页面提供比赛时间、转播频道、实时比分等信息，用户不管在看球还是不在看球都可以知道同时进行的所有比赛的比分。点击可进入比赛直播页面，并开通聊天功能，部分赛事甚至按不同球队开通"××队球迷聊天室"与"中立球迷聊天室"等分类，用户可以参与直播并发言；同时可以关注单场比赛，赛前会有闹钟提醒。该部分与其他同类软件模式类似。

懂球帝直播板块的特别之处在于提供了足彩赔率分析，虽然目前无法直接购买足球彩票，但未来可能可以引入第三方足彩平台。

缺点：直播功能较差，只是作为链接平台，大部分用户不会在懂球帝收看比赛。这一点可能涉及赛事版权问题，也可能成为该 APP 未来业务拓展的方向。

3. 关注球队信息

优点：APP 固定底栏中心可显示用户关注的球队队徽，可定制跟踪关注球队的所有新闻文章、社交平台信息与球迷社区信息，极大地加强了用户黏度。

缺点：信息繁多且重复，没有筛选功能。

4. 圈子

优点：懂球帝用户原创内容来源，目前共开设了 119 个球迷圈子，内容涵盖了兴趣小组、球队圈、球员圈、足球装备圈、足球游戏圈和足彩圈等不同社区，满足用户的个性化社交需求和交流需求。同时也是懂球帝对用户的族群划分形式，未来可能作为商业营收的突破口。

缺点：随着用户规模的暴涨，优质用户被稀释，UGC（用户原创内容）内容平均质量开始下降。

5. 数据

优点：提供各项足球赛事的全面数据信息，各支球队的赛程、动态、球员、资料等信息，内容丰富而详细。

缺点：关注球队的入口太深，操作烦琐；不能提供赛事数据的自定义筛选和排序。

6. 商城

优点：商城板块是懂球帝于 2016 年 1 月新增的功能板块，是该 APP 基于大量的用户优点积累之后，开始试水电商以测试其变现能力的举动。目前主要提供球鞋、球衣和足球配件三类商品，以官方正品保证和球迷用户的品牌信任为基础进行专业足球装备的网络渠道销售。

与大部分社区类应用通过链接切入几大电商平台不同，懂球帝商城选择的是自营模式，从商品供货、图片以及售后服务等都由懂球帝官方提供，所有商品均提供七天内无理由退换货和顺丰包邮服务。商城内大部分商品均从北京发货，部分商品则从香港等境外地区发货。

目前懂球帝商城的推广渠道主要集中在该 APP 内首页头条新闻推送、"装备"专题分类以及足球装备圈等几个频道进行宣传，同时，懂球帝淘宝官方店铺的大多数商品均已下架，可以看出懂球帝有意将其主要电商阵地转移至自己的 APP 上。

缺点：货品数量比较单一，并且无法覆盖不同阵营的球迷用户，未来懂球帝可能会获得更多的官方合作并打造为一个专业而全面的足球装备销售电商。由于懂球帝官方并未发布运营数据、订单数量、营收金额等相关信息，且该功能尚在起步阶段，因而其商城板块的盈利能力暂时无法估计。

（五）产品优势

在国家政策的支持下，体育产品目前正处在投资风口之上，相关创业项目呈爆炸式增长，其中体育媒体类的 APP 产品也层出不穷，懂球帝的这种"资讯＋社区"的产品模式，在激烈的行业竞争中似乎壁垒不高。加之一些具备超强资金实力并且手握版权的大公司进入体育产业，如新浪体育、腾讯体育、乐视体育、虎扑体育等，懂球帝在用户争夺战中面临不小的压力。但懂球帝依然具备一些其他平台不具备的优势。

1. 新闻资讯的内容优势

懂球帝每天可以为用户提供至少 200 条足球新闻，从各大顶级联赛到低级别小联赛的新闻应有尽有，数量上与综合体育媒体各类项目的新闻总量相当，这种垂直、深层次足球新闻的挖掘工作，让懂球帝成为不少球迷的首选。

2. 社区优势

除了专业的新闻稿件以及深度、专栏分析，懂球帝的用户原创内容

（UGC）是其独特文化所在，且已经聚集了大量优质用户并详细分类的球迷圈子已经很难被后来者抢去。

3. 言论管控优势

懂球帝团队非常重视用户言论的纯净性，相关不良言论的过滤和管控措施十分严格。虽然因此会流失部分用户，但也让真正忠实有素养的用户获得了更好的体验，保证了产品的纯净性。目前其他同类体育 APP 产品相关措施还不够到位。

4. 移动端产品地位优势

互联网产业的一大特点是只有第一，没有第二。一旦有一款产品率先抢占了某个端口，后来者再做同样的事就会竞争力不足。目前，懂球帝已经抢占了足球社区类 APP 的市场，聚集了大量的稳定用户，产品体验也优于绝大部分竞品应用，未来在这一细分领域出现强力竞争对手的可能很小。

二、懂球帝 APP 发展历程

（一）融资情况

懂球帝第一版 APP 于 2013 年 12 月 5 日发布，并在发布首日就冲到 iOS 端 App Store 中国区体育类应用的第一名，此后两年多一直维持在免费榜前二十位。

在懂球帝出现之前，移动端的体育类应用已大量出现并颇具规模，但绝大多数产品都是各体育媒体单独制作的 APP，内容呈现较为分散，功能也相对单一。此前，球迷社交聊天会前往百度贴吧或微博，查看直播列表则选择直播吧，获取专业资料得去外国网站，看网络直播要去几大门户网站，买足球装备去淘宝……并且这些客户端的内容呈现都更多沿袭了它们在 PC 端的特点，不太符合移动互联网时代用户对产品提供一站式服务的需求。没有 PC 时代的包袱，专注于足球垂直领域，主打深度、专业外加社交的懂球帝很快借助垂直市场和移动端，在足球细分领域中取得了领跑位置，抢占了这一行业的空白，迅速获取了大量用户和投资机构的注意。

到目前为止，懂球帝已经聚集了上千万用户，日活量也突破百万人大关，在融资市场上也完成了 B 轮融资，最新估值达到了 5000 万美元，产品正处在大力推广的高速发展中。同时，像很多互联网企业一样，得到融资的懂球帝，在积累了一定用户后，也下意识地进军电商领域，测试其品牌变现的潜力。懂球帝的融资经历如表 1 所示。

表 1   懂球帝融资经历表

阶段	融资金额	投资方	融资时间
天使轮	200 万元	险峰华兴	2014 年 2 月 1 日
A 轮	400 万美元	红杉资本中国基金	2014 年 6 月 1 日
B 轮	数千万美元	动域资本、力合清源	2015 年 9 月 16 日

（二）推广运作

懂球帝目前还处在一个积累用户的阶段，除了商城板块试水电商之外，还没有出现广告的植入和其他付费内容，其主要的商业运作和资本投入还是集中在市场推广领域，公司整体依旧处在亏损阶段。据懂球帝创始人兼 CEO 陈聪的说法，懂球帝在推广渠道上的投入已经超过了一千万元，其对资本的一些使用方式和营销策略值得称赞。

1. 电视广告投放

2014 年巴西世界杯前夕，懂球帝刚刚完成 400 万美元的 A 轮融资，但彼时的懂球帝还处于运营初期，没能在足球大赛来临前做好规划和布局，整个世界杯期间用户数量仅增长几十万。相比 2012 年欧洲杯期间就聚集二三百万用户而爆红的同类足球 APP 看球啦，懂球帝还没有学会如何"花钱"。

而世界杯之后懂球帝才开始投入大量资本在 CCTV5（中央电视台）、北京卫视等电视平台投放广告，"不懂球还不用懂球帝，懂球还不用懂球帝"的广告词一时之间在足球迷之间迅速传播，吸引了大量新用户的下载和注册。这在现在看来是一个很正确的选择，懂球帝比同类足球 APP 更早地运用资本力量抢占用户，抢用户的成本远比现在低，实际上是利用了资本杠杆为以后省钱。

此后懂球帝的广告推广和口碑传播进入了一个良性循环，2015 年 10 月 17 日，懂球帝新一轮的电视广告在 CCTV5 亮相。这一次他们请来了知名足球评论员张路和广州恒大淘宝队球员郜林为其代言。预计懂球帝会更加重视大赛期间的推广时机，并在广告推广领域持续投入，未来他们有可能邀请到更为重量级的名人为其站台宣传。在获取千万级美元的 B 轮融资后，懂球帝的工作重点依旧是市场推广，通过资本砸钱的方式垄断足球 APP 市场。

2. 国足世预赛出线的事件运营

在 2016 年 3 月 29 日晚中国男足晋级世界杯预选赛亚洲区十二强赛的体育事件中，懂球帝完成了一次经典的事件运营案例，再次大幅度提升了影响力。

由于当晚中国男足若能晋级，需要在战胜对战对手的前提下，余下五场比赛中至少出现三场符合出线要求的结果，中国队才能进入最终的十二强赛。在这样的背景之下，决定了球迷一定会有同时获取多场比赛咨询的需求。懂球帝方面大胆地采用实时推送消息的方式，第一时间将各场比赛的战报快讯推送至用户手机。这种短时间内连续推送的手段非但没有造成很多用户的厌烦心理，反而任何一条都有很大概率把用户拉回到 APP 内部，为用户提供了有价值的信息。更重要的是，这样的做法给用户营造了一种紧张的氛围，为之后中国队赛后的狂欢或悲伤场面做了预热。

而当中国队击败对手取得比赛胜利之后，懂球帝立即连续推送了一批带有煽情和娱乐性质的海报，直击用户当时痛快的心理，大量用户在其他社交平台上转发了懂球帝的这些海报图片。在这一层面上，以内容和社区属性为核心的懂球帝发挥了其在营造氛围和立场的优势，引发了 APP 内用户发言和转发持续狂欢的场面。而懂球帝方面在整个过程中的迅速反应，可见其对此次事件运营的准备之充分。

但此次运营中最有意思的一条消息出现在当晚零点左右：懂球帝宣布拿出 100 万元发给其用户，这种独特的方式迅速在很多用户中再造了一个热点事件，很快获得了超过 3 万名用户的转发分享，甚至很多非懂球帝用户都知道了这则消息，"懂球帝"和"100 万"一时成为球迷圈中的热词。

至于第二天红包发放活动的运行和关注度已在其次，但从懂球帝服务器一天时间崩溃数次就可以看出这次事件运营为其带来的数据暴涨。事实上，对于懂球帝这类千万级用户体量的 APP 来说，一次大型活动运营花费 100 万元是一个很正常的数字，但此次事件中懂球帝从推送到塑造氛围再到活动效果，都把这 100 万元资本能够产生的效果利用到了最大化。

三、懂球帝 APP 未来盈利模式建议

懂球帝作为互联网企业，未来一定面临用户资源变现的局面和问题，以回报其创业过程中的融资方与投资人。目前，懂球帝还未过多进行商业化尝试，但其产品特性可以为未来的商业变现提供多条渠道。

（一）广告植入

按照懂球帝方面的说法，该 APP 在 B 轮融资后的半年内先后拒绝了超过 100 家广告客户的合作请求，并未像很多 APP 一样引入启动页广告或页

面广告，坚持了其免费产品的纯净性。但在 2016 年 4 月 19 日，懂球帝首页出现了一条《恒大金服：为恒大加油，为球迷加息!》的置顶新闻，内容为恒大集团旗下恒大金服的球迷专享理财产品的活动广告。由于恒大集团在中国足球领域的巨大知名度，这样一条与足球产业关联不是很大的产品广告出现的并不算太为突兀。这有可能成为未来懂球帝广告收入来源的一种形式，比如运动产品介绍、体育场馆优惠信息等与足球相关的软性广告。

（二）足球装备电商

足球装备是懂球帝已经在运行的电商项目，也是最有可能成为所有球迷用户消费商品的类别，预计未来也很有可能是懂球帝商业开发的重点。在保证整个网购链条稳定性的前提下，懂球帝可以将用户对懂球帝 APP 的信任转化为对懂球帝销售产品的信任，从而实现资源变现。

（三）足球彩票

目前关于足彩方面的国家政策尚未颁布，但懂球帝已经在产品中部署了足彩分析板块，聚拢了大量的足彩用户。未来若国家相关政策发布，懂球帝有成为国内第一足彩网站的潜力。

（四）参与赛事营销

目前懂球帝已经在尝试组织主办一些业余足球比赛和联赛，扩大其在民间的影响力。未来有参与职业联赛运营或业余联赛运营两种可能，但前者还需要积累更多的影响力和金钱资本。

（五）足球游戏

基于懂球帝内足球游戏圈的用户规模，足球游戏的开发和运营也可能成为懂球帝的变现渠道，但需处理好用户付费模式的频率和金额。

（六）比赛直播

目前懂球帝的比赛直播功能仅仅是作为第三方的直播链接平台，并未直接参与赛事版权的传播和运营。虽然目前赛事 IP 的资本门槛对于懂球帝来说太高，但未来随着其影响力的扩大和用户使用习惯的形成，不排除其参与足球赛事网络直播的可能。

（七）会员增值服务

以懂球帝目前的用户规模和用户黏度，若开通会员增值服务，转化率应该会相当高，如优质内容付费阅读、特殊 ID、功能特权等形式。但现阶段懂球帝方面还在致力于发展更多用户，短期内可能不会推出增值服务。

音频聚合 APP 生态发展模式分析

毛银秀

近年来，随着互联网技术的发展，各种音频产品的生存形态已由实体转向网页，由网页转向移动网络终端。在浅阅读与泛娱乐化盛行的今天，人们内心普遍孤寂空虚，"听"作为一种极具伴随性的阅读方式，无疑市场潜力巨大、前途光明。综观当下整个移动网络音频市场，音频 APP 可谓是遍地开花、各显其能，其中以喜马拉雅 FM（调频广播）、蜻蜓 FM 和荔枝 FM 三家发展最为突出。不过目前我国移动端音频聚合 APP 市场尚处于初步发展阶段，其行业标准和商业模式还不甚清晰，竞争壁垒较难形成，市场乱象横生，影响力并不凸显。

一、移动音频聚合 APP 的内涵界定

音频聚合 APP 是基于听觉文化的一种新兴产业形态，在听觉文化中，"听"的行为及其内容、对象、社会环境和效应贯穿整个传播过程，甚至原本不可听的也可以被转换为可听来加以理解。不同于传统广播电台和单纯的音乐 APP（如豆瓣 FM 和酷狗等），移动音频聚合应用基本都属于综合性平台，知识性、娱乐性和互动性特点更为鲜明，"场景营销＋粉丝经济"是其主要价值挖掘点，因此平台根据不同的场景需求、受众群体和效果反

馈聚合了形形色色的内容，包括音乐、资讯、有声读物、广播、脱口秀、相声书评、教育培训、动漫游戏等，其中既有 UGC 又有 PGC（Professionally - generated Content，专业生产内容），甚至有的栏目直接来自于视频语音。另外，从受众的角度看，"听"是人类最为原始的感知本能，还在胎腹中就已能听见外面的声音，再加上后来的语言声响，口耳组合就能完成信息的传播和接收，因此音频 APP 传播门槛较低，受教育程度、身份地位、性别、年龄等因素的影响较弱，甚至盲人也会是重要的受众群体。

移动音频应用可归属于数字传播或数字出版，并以智能手机、平板电脑、智能穿戴设备、智能汽车等现代化科技产品为载体。随着国内电信运营商服务的不断改进，在移动互联网环境下，音频播放基本不受时间、地点的限制，"随时随地、畅想收听"已然成为现实。

二、音频聚合 APP 产生的现实需求与市场潜力

在 2015 年，全球领先的移动互联网第三方数据挖掘和整合营销机构艾媒网发布了《2015 年中国移动电台市场研究报告》。报告显示，在 2012—2014 年，中国移动电台的用户规模一直处于上升状态，并预测在 2016 年，用户规模将由 2012 年的 0.4 亿人上升到 2.1 亿人。从中可以看出中国移动端音频市场的用户需求量大，经济价值有待大力开发。

移动音频市场的崛起并非偶然，也非一时之热潮，其发展的可行性和可持续性表现在以下几个方面：①"听"比"看"更为休闲、轻松，在快节奏的今天，人们易于疲惫，普遍缺少"看"的时间和心情，时间也在上下班途中和远距离奔波中被碎片化，音频 APP 的产生恰逢其时，既有利于充分利用碎片化的时间又有利于缓解压力。②移动音

频如有声读物、电台、音乐等具有极强的陪伴性。在物化的社会里，"容器人"①随处可见，即使人们物质生活极度满足，但内心容易空虚寂寞，"听"未尝不是一种独处的情怀，为人们带来心理上的陪伴，这是当下以及未来的人们都极度渴望的一种社会精神需求，也正因如此，传统广播即使在电视、网络的强力冲击之下，却仍旧健在。③移动音频的内容具有知识性的特点。获取知识是人类永恒的需求，浅阅读时代不代表人们不想要阅读，信息爆炸时代人们更热切地需要获取信息，各音频聚合 APP 内容丰富，具有"阅读"的功能，这满足了浅阅读时代、碎片化时间中人们的阅读需求。④相较于视频、图文这种视觉文化，音频更为可感可想，正如韦尔施在其《重构美学》中所说的，可见的东西在时间中持续存在，而可闻的声音却在时间中消失，这使得视觉属于存在的本体论而听觉则属于产生于事件的生活，这就使得视觉亲近认知和科学而听觉则亲近信仰和宗教；在与对象的接触中，视觉将事物保持在一定距离之外，是客观化的感觉、距离的感官，而听觉没有将世界化解为距离，而是接纳世界，是结盟的感官。现实生活中，视觉媒体产品在客观、精准中更为接近科学，而离想象、情感和社会则更远，时下音频市场的重新整合、聚拢以及众多相关 APP 的崛起可以说是一种"创新感官"行为，这有利于打破视觉中心主义的枷锁，弥补受众在产品的体验和理解上的不足和遗憾，也因此，音频 APP 除去其便利性的特点外，更具美学意义上的真切实感，大有可为。

---

①　"容器人"：由日本传播学者中野收在《现代人的信息行为》（年出版）一书中提出，认为在大众传播中的人的内心世界类似于一个封闭的"罐装"容器，在与人接触时只是一种容器外壁的接触，无法深入内心，而现代社会中变幻不定的各种流行和大众现象正是"容器人"心理和行为特征的具体写照。

三、移动音频聚合平台产业链分析

当下移动音频聚合 APP 拥有良好的发展机遇和前景，而单一的媒体显然无法在传播的速度、广度、深度、交互等方面满足人们的需求。移动音频产业属于数字化互联网经济，横跨文化产业、电子制造业、信息服务业和金融服务四大产业，各种媒体、各行业之间的业务交叉纵横、相互渗透融合，并逐渐发展、会聚到线上媒体平台及市场的交会、相融。因此，各移动音频应用平台必须逐步完善自身的产业链布局，形成一套具有足够竞争力的市场壁垒和商业生态模式，如此才能充分抓住机遇，并在未来立于不败之地。

基于产业链的概念，移动音频 APP 产业链是以移动音频出版价值链为基础，与具有连续追加价值关系的关联企业所组成的企业联盟利益链条。在其产业链中，内容提供商处于基础性地位，"内容为王"的口号在音频行业永远不会过时。时下的音频 APP 内容一般包括 UGC 和 PGC 两部分，其中 PGC 主要以懒人听书、考拉 FM 为代表，通过和电台、电视台、教育机构等合作，购买正版版权，以及平台自己签约专业主播生产内容等。相较于 PGC，UGC 的发展能力也不容小觑，以喜马拉雅 FM 和荔枝 FM 为代表，让用户从单纯的接受者变成内容生产者，虽然可以满足用户个性化、多元化的需求，但是过低的门槛导致内容质量参差不齐，娱乐化、低俗化趋势明显，还面临网络版权、利益分配等问题。

系统集成商属于该产业领域的龙头，掌握着核心的软件开发、系统集成以及版权保护技术。除了平台内容之外，APP 的设计是吸引用户的另一重要因素，其中包括因软件优化而带来流量上的节省和网速的提升、音质的优劣、页面的美观以及使用的便利与否等都需要技术的手段来解决。目前市场上的众多 APP 大都出自技术开发有限公司，如喜马拉雅 FM 由上海证大喜马拉雅网络科技有限公司开发，蜻蜓 FM 隶属于上海倾听信息技术有限公司，懒人听书则是由深圳市懒人在线科技有限公司研发运营。至于版权保护技术方面，目前我国整个移动数字出版产业还未形成统一的技术标准，业界对移动数字出版标准化的认识与研究还不够透彻，关键标准制定还不能达成一致。因此，数字版权保护技术包括移动音频出版版权技术的建立仍需进一步探索，这或许将是技术提供商的重大发展机遇和未来的主要发展方向。

移动网络运营商在该产业链中一直起着举足轻重的作用，它是音频能否实现移动化的关键，其网络服务质量和优惠政策对用户的吸纳有着极大的影响力，同时网络流量产生的费用也是平台收入的主要部分之一。由于网络运营商在产业链中的特殊作用，在未来网络运营商极有可能成为移动音频市场强有力的竞争者，如发展势头日趋上升的氧气听书，其本家就是中国电信天翼阅读文化传播有限公司。

市场融资、广告、会员付费、流量费、打赏、内容付费是目前各大APP 的主要收入来源。然而内容付费目前在中国还未发展成为一种普遍接受的消费习惯，可行性不高，但随着版权制度的逐渐完善，其必将成为未来的发展趋势，届时当前面临的广告困境也将会因此被打破。另外，用户的平台消费必须要有一套完整、便利而又安全的移动网络支付系统，包括各大网上银行、支付宝、微信支付等，金融服务商由此加入产业链条，并发挥重要作用。

移动终端设备如手机、平板电脑、汽车等是连接用户的最后环节，为移动音频 APP 上面的各种媒体业务操作提供支持，随着通信技术的快速发展，移动终端提供商在产业链中的地位日益突出，苹果的成功经验展示了"一个产品，一种商业模式"的道理，未来的移动端音频市场也许不只是技术提供商和网络运营商之间的博弈，移动终端设备提供商更有可能发展成为龙头老大。

消费者作为移动音频产品的最终使用者，他们在乎的是产品的使用价值和便利程度，用户规模是衡量整个产业发展好坏的重要指标，也是业务成功与否的关键所在。消费者接收、理解内容并给出反馈，从而在整个产业链中形成一种信息流，链条上的其他环节则根据消费者的信息制定相应的发展策略。时下的移动音频APP都比较注重用户的互动和参与，在某种程度上来说用户不只是消费者，也是内容的生产者和监督者，以此促进整个产业的循环发展。除此之外，在移动音频出版的各个环节还需要国家版权局、版权保护中心和网络文化监管中心、网络公安部门等的监督管理，以保证该产业朝着健康、安全、有序的方向发展。

以上移动音频聚合APP产业链中的各环节利益相关、休戚与共。广告运营商、金融服务商的加入，使得整个产业链更加丰满、有活力，网络运营商则使整个产业实现了一体化和闭环式发展，消费者使用并反馈音频产品，使其更加优质和精准，从而促进整个产业的可持续发展。然而，产业链上的各提供商之间也存在激烈的矛盾和竞争，各参与者都有自身的独特优势，都想借此优势"通吃产业链"，从而对整个移动音频出版流程进行控制，以获取垄断性利润，特别是内容运营商、技术提供商以及移动网络运营商三者间的竞争比较显著，其中内容提供商在竞争中越来越处于被动地位，内容利润少，资金和技术缺乏，后劲不足。未来该行业竞争局面也许会由移动终端的加入来改变。

四、我国当下主要音频聚合 APP 的发展模式

根据艾媒咨询发布的《2015 年中国移动电台市场研究报告》显示，2015 年中国移动电台活跃用户分布方面，喜马拉雅 FM、蜻蜓 FM 均有较大优势，分列第一、第二位，考拉 FM、荔枝 FM 分别位列第三、第四。当

前中国整个移动端音频 APP 行业竞争排位格局还不稳定，强强争霸，缺乏可制衡的稳定生态规则，竞争较为激烈。

喜马拉雅 FM、蜻蜓 FM 和荔枝 FM 是当前比较具有代表性的移动音频聚合平台，三者发展领先，各有专攻，风格鲜明。其中喜马拉雅 FM 综合性强、平台大，内容生产以"UGC ＋ PGC ＋ 版权"组成，为草根主播和自媒体人建立了一整套集挖掘、培养、孵化、商业化于一体的支撑服务，喜马拉雅 FM 谈了一系列的合作版权，如罗振宇的《罗辑思维》、郭德纲的相声、高晓松的《晓松奇谈》《青音》等。在独家主播方面，喜马拉雅 FM 在 2013 年创立之初就完成了一系列的 DJ（唱片骑师）独家签约，为其平台打造出了极具特色的独家节目，如《段子来了》《糗事播报》等。同时喜马拉雅 FM 通过打通产业上下游形成完整的音频生态链，在成立三年的时间内已完成了两轮融资。另外，喜马拉雅 FM 在硬件领域有独特的发展，车载智能硬件随车听、舒克智能童话故事机、听书宝等产品相继面市，让优质内容通过各种终端有效送到有需要的用户面前，完成场景顺延。

与喜马拉雅 FM 不同，荔枝 FM 风格强烈，文艺、精致、界面复古是荔枝 FM 给人最直接的印象，其受众比较年轻化和女性化。荔枝 FM 社交性特点明显，在建立之初并没有 APP，而是基于微信公众平台的 H5 网页，凭借着"微信收听电台"的卖点，借助于社交力量快速获得粉丝，这些用户成为后来荔枝 FM 的基础。荔枝 FM 主要走 UGC 路线，主播权限开放给全用户，用户在做主播的同时又是平台和内容的推广者，这样能快速吸引大批粉丝，并形成滚雪球的效应，由此可以看出，荔枝 FM 是众多音频 APP 里面最纯粹的 UGC。

蜻蜓 FM 的发展也别具一格，其平台内容全部免费，页面广告、插播广告和流量费用是其主要收入来源。蜻蜓 FM 在众多移动音频 APP 中，是纯粹度最高的 PGC 平台，走的是直播方向，直播还可回放，其大部分内容都来自于与传统电台、传统媒体和一些机构团体的直接合作，传统电台可以依托蜻蜓 FM 获得更大范围的传播，在电台向蜻蜓 FM 供给内容的同时，蜻蜓 FM 也有诸多类似《蜻蜓空中音乐榜》《蜻蜓明星直播间》的精品节目输送给电台，在这一点上，蜻蜓 FM 在车联网上显得更有基础优势。除此之外，蜻蜓 FM 也支持 UGC，并签约 DJ，但在这方面，其发展显然不如喜马拉雅 FM 和荔枝 FM。

从上面的分析可知，移动音频 APP 的发展基于场景思维和粉丝经济，各平台根据场景和粉丝群体完成内容的精准匹配。就目前来说，荔枝 FM 和蜻蜓 FM 主要靠广告和流量费盈利，平台内容基本免费，而喜马拉雅 FM 则相对发展更为平衡，并开始尝试在主播栏目中实行加 V 政策，当节目质量和效果达到一定高度时可申请加 V，这对平台的整体质量和档次具有很大的促进作用，同时也可增加盈利，与此类似的还有氧气听书等。未来的移动音频应该朝着这个方向发展。

五、我国当下音频聚合 APP 发展面临的困境与未来发展方向

无论是蜻蜓 FM，还是喜马拉雅 FM，在抓住音频领域机会的同时，也面临着诸多挑战。首先，大多移动音频 APP 基本都还未形成自己的商业壁垒，内容同质化现象严重，评价标准不明，竞争乱象横生，如多听 FM、荔枝 FM、喜马拉雅 FM 由于彼此之间的不正当竞争曾被 Apple Store 多次下架警告；其次，音频版权问题比较严重，由于国内关于数字版权的界定不明确，版权保护技术发展还不完善，导致市场侵权行为层出不穷；最后，在商业模式上，对于各家平台来说也是一个很大的考验。单纯用广告模式在目前的视频市场领域日趋式微，那么引动音频聚合平台的未来发展方向在哪？

（1）移动音频聚合 APP 是做内容的平台，在推广的同时应该坚持"内容为王"的原则，根据《2015 年中国移动电台市场研究报告》，用户在选择移动电台 APP 时，最看重内容丰富的占比达 72.9%，其次是操作的便捷性，用户占比 54.2%，还有 39.6% 的用户关心应用的美观性，因此优质内容是吸引用户的关键因素。具体应从以下四个方面着手：①场景分布应该作为主要的内容挖掘因素，晚上睡觉前、白天休息时以及搭乘交通工具和自驾途中则是使用频率最高的场景；②内容的丰富与否也是用户满意与否的重要因素，平台在明确自我定位的同时还须使内容丰富多样，内容丰富不代表平台综合，这一点必须清楚；③平衡 PGC、UGC 以及版权购买各方面的质量和生产的专业性，未来各移动音频 APP 的内容应该是三者的同步共生；④在移动音频市场中，有声读物会是阅读时代的一个重大开发点，各平台在做专业化内容上面可以此为突破口，并且重在发展独家版权。

（2）数字音频版权是一个需要长期探讨的问题，首先，平台自身需要走在前列，不断完善内容壁垒和运营模式，最终达到以商业壁垒促进版权清晰化的目的；其次，技术提供商在未来应该把版权保护技术作为主攻方向，例如，DRM 移动数字版权管理理论技术和 CPSec 移动互联网音频数字版权管理系统的设计与实现，以及安全性分析。

（3）目前移动音频 APP 主要以手机和平板电脑为载体，而智能汽车方面的嫁接还没拓展开来，各平台需要根据自身的定位，找准契合高的合作对象，并以完备的技术为支撑。另外，随着科技的不断发展，穿戴设备会是新的产品形态，未来该领域将会成为各平台主要的争夺领域。

浅阅读时代需要感官创新，在"看"已飘忽的时代，阅读需要以"听"来直抵心灵。传统广播至今未死，人类也仍旧需要阅读，毫无疑问，中国的"听"众市场巨大，只不过需要新的产品形态来呈现其中的价值。

移动音频聚合 APP 前景一片利好，其产业链条上的各参与者之间的关系既密切又复杂，合作中有竞争，它们都有可能在未来占据链条中的主导地位。根据现实的需求和未来科技的发展，该领域各竞争主体必须不断突破，找准产品定位和未来立足点，力争在竞争中形成自己的生态发展圈和商业闭环。

参考文献

［1］王皇．中国古代美学理论中的听觉性理论研究［D］．山东大学，2013.

［2］刘丽婷．艾瑞：移动音频适合怎样的广告主［J］．声屏世界·广告人，2015（12）：188，187.

［3］侯东合．"移动互联网＋音频"的新广播发展方向与路径［J］．中国广播，2016（1）：25－29.

［4］胡海燕．美国有声读物的发展对我国的启示［J］．新闻研究导刊，2015（24）：191，194，196.

［5］阮晓东．移动互联网电台市场：内容和模式之争［J］．新经济导刊，2016（Z1）：75－79.

［6］张贤冲．浅阅读时代有声读物研究［D］．华中师范大学，2014.

［7］许艳萍，张惠萍，王强．移动互联网数字版权保护安全授权技术研究［A］．中国通信学会．第十九届全国青年通信学术年会论文集［C］．中国通信学会，2014（8）．

［8］余建军．互联网时代挖掘声音的最大价值［J］．声屏世界·广告人，2015（7）：44－45.

［9］余建军．引爆移动音频商业化元年　场景营销＋粉丝经济，深度挖掘移动音频价值［J］．声屏世界·广告人，2015（9）：116－117.

［10］马承璐. 定制化音频媒介及其对传统广播的影响研究［D］. 新疆大学，2015.

［11］郑金诗. 移动网络电台　广播媒体商业拓展的新动力［J］. 声屏世界·广告人，2015（9）：120.

［12］丁佳文. 移动音频大热："耳朵经济"的调查与思考［N］. 天津日报，2016－04－13（13）.

移动地图行业研究

——以百度地图 APP 为例分析

汤小花

地图的存在在互联网模式下不仅仅是为了导航定位，随着数据获取技术、计算机技术和互联网技术的迅猛发展，基于网络地图资源和地图服务，人们几乎可以获取其所关注事件的海量、近实时的具有时空属性的相关信息。随着移动互联时代的到来和地图在其他领域的广泛应用。地图制作正从"数据获取"向"信息深加工处理"漂移，地图应用也正从"信息价值"向"服务价值"转变。今天的在线地图已经不再是普通的导航或是定位工具，而是一个能够容纳诸多商业内容的生态系统。地图产品真实的意义在于配合更多场景，完成更多服务。

一、百度地图 APP 现况以及存在的问题

BIG DATA 数据显示在互联网地图的使用用户中，百度地图路线规划或查询、路线导航的用户最多，分别占有 65.7% 和 64.6%，其次是搜索未知地点的用户为 53.6%，再次是"查找周边生活服务信息"，

而这一需求直接造成消费可能性不大，打车的渗透率相对较高但也只有5.2%。地图APP的庞大用户基础为生活服务提供了巨大的机会，用户可以查询周边餐饮、休闲娱乐、打车、住宿等O2O服务，但是百度地图该如何在保证网络环境安全的前提下从O2O服务过程中直接造成需求消费呢？

二、百度地图APP发展战略模式

以往的地图是没有商业模式的，不管是谷歌地图还是苹果地图都可免费使用，只有投入而无法从市场上获得收益，由于收益的限制，地图投入的额度终归是有限的，近年随着互联网经济的发展，地图市场的力量日新月异，地图产品也在互联网经济的大环境下找到了属于自己的商业模式，其商业化所得收益能持续不断地投入研发，使基功能愈加完善了。谷歌地图在不断整合O2O服务的同时，不断打磨基础功能，完善背后的数据，持续不断地强化其在导航、定位等各个层面的体验，以此征服用户和市场。在这个基础上，谷歌地图再增强自己对于商业环境的消化，为用户提供更加全面的体验，以此满足用户更高维度的需求。这种做法其实百度地图早就开展已久。

百度地图自始至终都是地图O2O商业化的践行者，手段是最大化利用其巨大流量为其他业务导流，目的在于商业化及服务多样化。此前，百度宣布全资收购糯米网进军团购业务，由技术副总裁刘骏入主接管，核心是希望将团购和地图进行整合，快速实现百度O2O战略。百度地图在O2O战略服务的引导下，已经不再是一个简单的地图导航和定位工具，而是基于LBS的生活服务类互联网生态系统平台，目前已通过导航服务获取超过5亿的用户规模。在地图导航领域，尽管百度地图通过各种服务，已经形成一家独大的格局，而且目前格局已经非常稳固，牢牢占有超过

70%的市场份额，超越了高德地图，居行业第一。但百度地图仍旧在不断加强基础数据采集，通过精细化运营夯实导航优势。百度地图率先扩展生活服务，整合用户数据，构建服务生态，占据发展先机。围绕用户从场景化、生活化、服务化三个层面引领发展方向，全面满足用户的吃喝玩乐等多重需求，甚至更高维度的需求。在此基础上百度地图正在开启国际化的"世界地图"O2O战略模式和百度地图引鉴无人驾驶战略模式。

（一）战略一

2016年4月19日，百度地图正式发布了国际化战略，宣布将于2016年年底在全球150多个国家和地区推出海外服务，这是百度地图自推出日语和葡语等搜索以来，国际化发展迈出的最大一步。在此之前，百度地图已于2014年年底发布中国台湾、香港、澳门地区的版本。在2016年春节前夕新增了韩国、日本、泰国、新加坡四国的地图服务，并在3月31日正式宣布新增包括澳大利亚、马来西亚、印度等11个亚太国家的海外服务。目前，百度地图已在18个亚太热门国家及地区布局，此举意味着百度地图已将战场放在了国外，正式开启国际化之路，把地图产品打造成为百度全球化的服务产品，成为"世界地图"。

1. 用户需求为导向，百度地图扩张"连接人与服务"海外版图

据商务部发布的数据，2015年中国出境游人数达到1.2亿人次，在海外消费金额高达1.5万亿元，这是个相当庞大的数字，几乎等于两个英国的全部人口走出国门去世界各地游玩。中国出境游市场出现井喷，国人纷纷出国旅游购物，在海外释放强大的购买力。在如潮的人流中，自然是会有相当大的服务需求涌现出来，其中一个刚需就是LBS位置服务，其次是一些与行程、旅游及消费过程有关的生活服务。百度一直主张的"连接人与服务"，其核心还是以用户需求为导向的，此次海外版和国际版地图的

发布，正是百度所希望的能将中国人在海外不断增长的需求连接起来，以提供更多的服务。

百度地图对百度海外版地图进行了汉化，支持中文搜索，国内用户在海外使用百度地图，体验上与国内版的百度地图基本一致。百度海外版地图的最大特点是路径规划准确，公交信息准确全面，是个简单可依赖的工具。除了较为准确可靠外，百度海外版地图还有更多特色。由于其目标用户群体定位在出境游人群，因此在生活服务信息方面的收录非常丰富，如购物、住宿、娱乐、美食等 POI（信息点）相当全面。海外版地图还对旅游景点、特色街道、商场等中国游客爱去的场所用卡通 icon（图标）标注起来，更方便游客找到自己想要的地点。

2. 基于"自营+共赢"O2O 布局，搭建出境生活服务平台

"自营"是百度地图自身作为平台，"共赢"指的是合作伙伴。中国人在出境游使用百度地图的同时，还会在使用中解决出境所需的交通和食宿问题，此类接入的第三方服务被用户广泛使用之后，百度地图也就从定位和导航工具升级成为生活服务平台了。

据《日本经济新闻》3 月 24 日报道，用户使用智能手机地图服务，便可以从地图上找到用汉语标记的店名，并可进行店铺预约和接收商家优惠券信息。百度将面向希望争取中国游客的零售店和餐饮店提供服务，初期目标是发展 20 万名客户。报道称，百度将开设注册店铺信息的接待中心，注册后地图上会显示店铺名称。点击店铺名，可以看到汉语版的店铺地址和营业时间等信息。百度给出的基础方案是，注册商家支付包括翻译费在内的 9800 日元初期费用，不支付月使用费。不过，百度还提供增值方案，如果商家支付月使用费，点击店铺名称后会显示更详细的信息。以登载 5 张店铺照片、电话号码和 100 字宣传文字为例，月使用费是 1200 日元。按首年度 20 万注册客户计算，目标营业额为 10 亿日元。百度还在 4 月内进行了广告投放服务。

O2O 服务和地图工具两者之间的深度融合，突出了百度地图在当前竞争格局下的强大实力，也展现了其在战略层面的前瞻性。

（二）战略二

百度地图在车联网、高精地图层面的布局、探索其实是为其在未来更深层面的运用埋下伏笔。在百度的无人驾驶汽车正在高速运转并预备在 2018 年投入商用时，地图、服务、汽车三者之间的深度融合也一定会带来更多超出想象的化学反应。因为，汽车需要地图导航，汽车代步之后的场景其实就是类似于聚餐、旅游等一系列的消费场景，这背后需要有地图数据作为内容匹配。地图、服务、汽车甚至是人工智能这四者结合在一起时，带来的影响力将是颠覆性的。

三、百度地图 APP 产品分析

百度地图覆盖了国内近 400 个城市、数千个区县的地理详细信息。在百度地图里具有导航定位功能，用户可以准确查询街道、商场、楼市的地理位置；也可以找到离用户最近的餐馆、学校、银行、公园、电影院等。百度地图的拓展功能方便用户地图操作、特色功能运用，甚至可以搜索房地产、境外中文地图等。

（一）导航定位功能分析

1. 地点搜索

百度地图提供了普通搜索、周边搜索、视野内搜索三种搜索服务，帮助用户迅速准确地找到其所需要的地点。

（1）普通搜索。在需要到达的地方不知道在哪里，不知道在哪个方向的情况下，在搜索框为搜索状态下，输入用户要查询地点的名称或地址，点击百度一下，即可得到您想要的结果。例如，在北京搜索"北京印刷学院"：左侧为地图，显示搜索结果所处的地理位置；右侧为搜索结果，包含名称、地址、电话等信息，每页最多显示 10 条结果；地图上的标记点为相应结果对应的地点，点击右偏上侧结果或下侧的标注均能弹出气泡，气泡内能够发起进一步查询或操作，如路况、全景和周边搜索、导航。

（2）周边搜索。在已经到达的地方不知道附近便民所需服务在哪里，如需要查找附近银行、医院、专卖店等的情况下查找周边搜索。在弹出的气泡中，选择"在附近找"，点击或输入用户要查找的内容即可看到结果。例如，在北京印刷学院搜索"银行"：左侧为地图，显示搜索结果所处的地理位置；右侧为搜索结果，包含名称、地址等信息。地图上的标记点为相应结果对应的地点，点击右偏上侧结果或下侧的标注均能弹出气泡，气泡内能够发起进一步查询或操作。

（3）视野内搜索。用户想要看看附近都有哪些便民服务，视野内搜索较为方便快捷。点击屏幕的视野内搜索，选择或输入要查找的内容，在当前的屏幕范围内，结果将直接展现在地图上。例如，在北京印刷学院视野内搜索"美食"：显示搜索结果所处的地理位置；搜索结果包含名称、菜品、与用户距离、地址、电话等信息。点击图标将打开气泡，显示更为丰富的信息。并且，随着缩放移动地图，搜索结果会即时进行更新。

2. 公交搜索

百度地图提供了公交方案查询、公交线路查询、地铁专题图三种途径，满足用户生活中的公交出行需求。

（1）公交方案查询。在搜索框中直接输入"从哪到哪"，或者选择公交，并在输入框中输入起点和终点，用户还可通过气泡发起查询。下方文字区域会显示精确计算出的公交方案，包括公交和地铁。最多显示10条方案，点击方案将展开，用户可以查看详细描述。下方有"较快捷""少换乘"和"少步行"三种策略供选择。上方地图标明方案具体的路线，其中有优步、驾车、公交、步行、骑行路线，并且有打车费用计算。

（2）公交线路查询。在搜索框中或公交线路查询页输入公交线路的名称，均能看到对应的公交线路。下方文字区域显示该条线路所有途径的车站，以及运营时间，票价等信息，缩小地图则将该条线路在地图上完整地描绘出来。

（3）地铁专题。百度地图专为乘坐地铁的用户提供了一个便捷的地铁专题页。用户可以直接浏览北京、上海和广州的地铁规划，快速查询地铁换乘方案，还能获知精确的票价、换乘时间、距离等信息。

3. 驾车搜索

百度地图提供驾车方案查询、跨城市驾车、添加途径点三种途径，是百度地图用户自驾出行的指南针。

（1）驾车方案查询。在搜索框中直接输入"从哪到哪"，或者选择驾车，并在输入框中输入起点和终点；用户还可通过气泡发起查询。文字区域会显示为客户精确计算出的驾车方案，下方有"最少时间""最短路程"和"少走高速"三种策略供选择。

（2）跨城市查询。百度地图支持全国各城市间的驾车查询，轻松走遍神州大地。在搜索框直接输入城市名，即可得到详细的驾车方案。在跨城市驾车结果描述中，百度地图还对描述进行了优化，将城市内的方案合并为一条，用户可将其展开，查看详细的市内驾车方案。

（3）添加途经点。在地图上的驾车线路，会出现一个可供用户滑动的途经点，拖动至想要经过的道路并松开，更新的驾车方案将会经过用户选择的道路。

4. 步行导航

百度地图对步行导航进行了升级，对于步行出行很重要的天桥、地下通道、人行道、广场、公园、阶梯等设施，能更智能、更准确地给出导航路线。在新版的百度地图服务中，如果搜索起点和终点的距离比较近，除了会提供步行的线路，还增加了很多适合步行的设施和通道。

从百度地图步行导航线路的不断优化可以看出，对地图导航产品来说，照顾细微、精益求精尤为重要。除了自驾和公交路线，百度地图对步行导航功能的重视，体现了百度地图对用户需求的深刻理解与把握，以及百度工程师对提升用户体验的极致追求，这也是百度地图不断取得成功和自我突破的内在动力，从而为用户带来了更多便捷、细致、全面的地图应用体验。

（二）拓展功能分析

百度地图除了本身的导航定位分析，还另外增加了拓展功能。

1. 地图操作

（1）折叠移动地图。可以手指滑动点击手机屏幕拖动地图，"↑""↓""←""→"移动地图，或者通过地图左上方的四个方向完成操作。

（2）折叠缩放地图。可通过手指在手机屏幕上外拉扩张地图放大，反之，则缩小。

2. 特色功能

（1）测距。可以快速测量地图上两点之间的距离。选择地图右上角工具栏中的测距则可以准确快速地测距。

（2）获取链接。在需要向他人共享准确地理位置的时候，可以给对方发送实时地理位置链接。

（3）默认城市。百度地图会根据 IP，直接进入用户所在的城市。用户可以通过首页的设置默认城市，或是切换城市后的提示修改默认城市。

（4）三维模式。2010 年 8 月 26 日以后百度地图服务，除普通的电子地图功能之外，新增加了三维地图按钮。用户点击这一地址后可将内容转化成"三维模式"。如在百度地图上搜索"北京印刷学院"所在地，会出现清源路口指向北京印刷学院的立体形象，百度地图已将平面的地图信息立体化。

据行业人士罗博介绍，目前百度三维地图的优点是很直观，缺点是只有一个视角，一些信息会被遮蔽，并且数据更新比较复杂。"典型建筑都需要建模、制图，上线还需要考虑前后建筑的遮蔽。"如北京部分三环外的三维图像数据缺失，且现有数据更新不及时。

（5）百度房地产。2010 年百度地图与新浪乐居携手打造的百度房产地图标志着百度地图 API 在房地产领域成功展开应用。百度房产地图覆盖全国 70 多个城市和地区，提供数十万条实时更新的房产数据信息。通过百度房产地图，用户不仅可以看到目标房源地理位置、房价等基本信息，还可以了解房源周边环境、交通、生活配套等信息，更可通过强大的测距功能为网络看房带来身临其境的便利。

（6）挚爱推荐。"挚爱推荐"是百度地图结合 GIS 技术，推出的基于智能生活 LBS 服务功能的创新活动。用户在登录百度地图客户端后，只要连续 20 天使用百度地图查找路线，系统就会自动记录用户的生活轨迹。"挚爱推荐"利用百度云计算智能分析系统，为用户推荐生活轨迹最为匹配的 TA，在两个人的手机里面显示他们曾经擦肩而过的地点，并启动导航，引导二人相见。同时，百度地图的生活搜索功能，还将为用户显示系统推荐的沿途花店和餐厅，并与这些商家达成了合作，用户只要出示"挚爱推荐"的推荐页面，相关消费将免单。显然，百度地图不仅为用户搭建了"浪漫相遇"的桥梁，更为后续的"激情相约"提供了场所。

（7）境外地图。针对中国市场上庞大的"出境游"游客百度地图提供了中国内地以外的地图数据服务。百度地图iOS版和Android（安卓）版提供内地以外的数据支持。合作最初将从台湾地区开始，稍后陆续推出其他地区的地图数据。百度对美国租车服务Uber进行了投资，拥有地图服务则是百度投资的关键因素之一。

四、百度地图APP发展中存在的问题

（一）导航精度误差

笔者手机里使用的地图APP有百度地图和高德地图，在二者的使用对比过程中，发现百度地图有时存在导航精确度误差的问题。在一些比较远或复杂的路线中，高德地图的导航功能相比百度地图来说更为准确。

因此笔者认为百度地图在走向"世界地图"的同时应该不断进化定位基础数据，实现精准的定位。

（二）网路隐患

在以上对百度地图的分析过程中，笔者发现百度地图和其他网络APP存在同样的网络安全隐患，乌云网在2015年9月发布一则信息称，包括百度地图、百度浏览器等在内的多款百度旗下手机应用软件存在安全漏洞。如果用户的手机中安装有这些存在漏洞的应用软件，手机在连接网络后就有被远程控制的风险。360安全专家安扬介绍说，该漏洞是基于百度的广告端口存在身份验证和权限控制缺陷而产生的。安扬介绍道，从目前披露

的情况看，手机 APP 开放了一个端口。通俗地说，手机成了一个任何人都可以访问的网站。安扬表示，攻击者拿下这个端口的权限，便可以获得手机近乎全部的控制权。攻击者事先无须接触手机，就可以达到远程安装和启动应用、获取用户地理位置信息等目的。而且，这个漏洞只与手机的应用软件有关，不受手机本身系统版本的影响。面对百度地图 APP 的海外 O2O 战略模式，保证网络无漏洞，消除其安全隐患是海外 O2O 战略模式得以实施的前提条件，百度地图 APP 应先优化 O2O 战略发展的安全环境，保证 O2O 商户和用户的网络安全。

（三）涉及隐私

百度地图在进行周边环境数据录入的同时，从某种程度会侵犯了社会公民的隐私权，比如路边停放的车辆牌照会被录入数据之中等。

五、总结

百度地图作为一个地图服务软件，不断进化定位基础数据，实现最精准的定位，是其首要基础和实质意义。百度地图 O2O 战略服务兼顾着所有商家用户和消费者用户的信息，必须保证网络环境安全，保证客户数据的安全性和保密性。在保证了以上二者的前提下，百度地图从 O2O 服务过程中直接造成需求消费才可能实现。

参考文献

［1］付亮，于立娟，陈幽君，等．2012—2013 年移动互联网发展趋势综述［J］.互联网天地，2013（2）：1-6，12.

［2］黄勇军，朱永庆．新一代互联网发展趋势与技术浅析［J］.电信

科学，2013（4）：1－6.

[3] 杨栋梁．移动互联网发展趋势的研究［J］．电脑知识与技术，2012（5）：1039－1042.

[4] 卢赫．国内外移动互联网发展现状及问题分析［J］．现代电信科技，2009（7）：28－31，53.

[5] 施连敏，盖之华．基于 Android 的百度地图应用的搭建［J］．技术与市场，2014（12）：34－35，38.

[6] 潘伟洲，陈振洲，李兴民．基于人工神经网络的百度地图坐标解密方法［J］．计算机工程与应用，2014（17）：110－113，119.

[7] 潘盛辉，张硕望．移动终端百度地图偏移修正方法的研究［J］．信息通信，2014（10）：40－41.

[8] 郭晓祎．百度地图占位［J］．中国经济和信息化，2013（11）：69－71.

[9] 岳国栋，宁慧，刘超，等．基于百度地图的旅店查询系统的研究与开发［J］．应用科技，2013（4）：54－57.

[10] 周静．"附近"百度地图入口上新入口［J］．计算机与网络，2014（22）：30.

[11] 张雨柔，孙蕾，庞学明，宋瑾钰，俞成海．基于百度地图的语音导游 APP 的设计与实现［J］．工业控制计算机，2015（8）：122－123，126.

[12] 韦蓝鑫．基于 RFID 技术与百度地图技术结合的城市停车诱导信息系统研究［D］．长安大学，2013.

[13] 沈红．智慧旅游背景下智能手机 APP 的旅游应用研究［D］．福建师范大学，2014.

[14] 郑伟．基于 Android 的百度地图车辆定位系统设计与实现［D］．内蒙古大学，2014.

［15］赵硕．电子地图商业化和社交化模式研究［D］．北京邮电大学，2014．

［16］曾汝佳．基于跨平台开发的联网收费运营管理 APP［D］．广东工业大学，2015．

［17］帅国安．移动终端 App 对用户生活方式重构的影响［D］．江南大学，2015．

［18］互联网企业对阵电信运营商　交通类 APP 会是谁的菜［J］．IT 时代周刊，2013（9）：75．

［19］唐继海，陆志坚，刘丹青，王斌冰，沈永刚．基于互联网地图实现预防接种单位在线地图建立与查询［J］．安徽预防医学杂志，2015（5）：311－314．

网络文学平台发展简析

田　薇

"互联网＋"意味着互联网可以连接一切，在这样的趋势下，"互联网＋"文学的产业作为文化创意产业的一部分而战果昱赫。"互联网＋文学"也就是近几年迅速成长起来的网络文学，它是依托于一个集内容创作、营销、消费于一体的平台生产的内容，既包括传统文学的数字化，又包括网络作家的原创文学。目前这个平台大多表现为网络文学原创网站、移动端APP，还有部分门户网站如搜狐、腾讯等也开辟了网络文学这一领域。对文学创作者而言，它是一个内容创作、分享的平台，是一种工作方式；对读者而言，它是一个购买精神内容消费的平台，是一种生活方式；而对平台运营者而言，它是聚合生产者和消费者的平台，是一种经济行为。网络文学平台成为网络文学的载体，二者相伴相生，共同催生了当前"互联网＋文学"的产业形态和发展模式。

一、网络文学平台业态环境

（一）网络文学的兴起

最早的网络文学当属1998年在台湾某一高极论坛上被上传的《第一次的亲密接触》，这是该学校的博士生蔡智恒在业余时间创作的爱情小说。这一小说自上线后受到网友的热捧，人气高涨，从而被商业嗅觉灵敏的知识出版社出版。此书一经出版便成为当年炙手可热的畅销书，随后还被改编为影视剧。当时的互联网的应用和普及虽然还未像现在这样广泛而深刻，这种创作方式却也代表着网络文学的诞生，这种出版方式也引领了新的行业发展方向。

（二）网络文学平台的现状

伴随着第一部网络小说出版和改编的热潮，网络文学的价值逐渐被人发现和重视，同时这种发表内容的渠道也受人追捧，于是，专业的网络文学载体便应运而生了。国内第一个网络文学网站是创建于 1997 年年底的"榕树下"，随后有红袖添香（1999）、潇湘书院（2001）、起点中文网（2002）、晋江文学城（2003）、17K 小说网（2006）、纵横中文网（2008）、创世中文网（2013）等网站相继创办。这些网站是经过激烈的群雄争霸战后生存下来的佼佼者，无论从内容生产规模、特色还是用户规模上都实力非凡。

根据艾瑞咨询推出的网民连续用户行为研究系统数据显示（见表1），2016 年 1 月，垂直文学网站日均覆盖人数 990.4 万人。其中，起点中文网日均覆盖人数达 146 万人，网民到达率达 0.6%，位居第一。可见，当前网络文学网站的用户规模足以对网站的运作产生一定的支撑作用。同时，这些用户群体同样成为该网站移动终端的黏性用户，为移动 APP 提供基本的用户保障。

表1　　　　　　2016 年 1 月垂直文学网站日均覆盖人数排名

排名	网站	日均覆盖人数（万人）	日均网民到达率（%）
1	起点中文网	146	0.6
2	晋江原创网	138	0.6
3	小木虫	127	0.5
4	17K	63	0.3
5	纵横中文网	47	0.2
6	中国散文网	41	0.2
7	笔下文学	40	0.2
8	潇湘书院	36	0.2
9	起点女生网	27	0.1
10	零点看书	22	0.1

（三）网络文学的商业化

现代社会的高度发展促使文学创作进入了一个商品化的时代。文学不再是作为独一无二的艺术门类为特定阶层的群体所独占，而是成为雅俗共赏的大众化商品，无论其内容主题、表现方式还是价格定位、包装等都成为商家制作商品前潜心斟酌的对象。而这里所说的商业化文学从早期传统出版印刷时期就已存在，现在的网络文学商品性只是随着当代经济社会走向更高层次而愈演愈烈罢了。

1. 批量的签约作者进行批量的网络文学商品生产

网络文学网站通过聚合大批成熟的网络写手，使之成为网站的签约作者，按照网站文学的产出规则服务于网站。同时，网站还通过培养新写手来壮大文学"生产者"的规模，这种规模化的生产带来了规模化的经济效益，对网络文学作者和网站的再生产都形成了强大的推动力。

起点中文网的网页界面上有显而易见的作者专区和培训专区，新手可以在作者专区注册为起点的作家，然后上传合乎网站要求的文学作品或者进一步申请成为起点中文网的签约作者，起点中文网负责宣传推广其作品。相对于传统出版，网络文学的低门槛为其网罗了大批的或爱好或专业的写手。同时，起点中文网会不定时地免费提供培训机会，不仅面向签约作者，同时也针对想要进入网络文学创作领域而实力相对不足的普通人。可见，这样的网络文学平台的强大创作阵容必然带来文学作品的批量生产，而这正是网络文学平台存在的意义所在。

2. 迎合消费者的文学主题、内容和排版

网络文学多是玄幻、奇幻、都市、历史、军事、科幻、灵异等题材，之所以以这些题材为主流，是对网络文学市场做了充分的调查所得。通过统计数据我们得知，网络文学的主流读者多是"80后""90后"甚至

"00后"，他们是伴随着互联网成长和出生的一代，对互联网、移动终端具有深刻的依赖性，也因此形成了他们对于轻松、刺激、不受拘束的精神世界的狂热追求。仙侠、奇幻、科幻、灵异的小说题材正迎合他们对于现实世界的逃避需求和对虚拟世界的热爱。此外，现代生活节奏的加快使人们进入了碎片化阅读的时代，网络文学文本不论从行间距还是章节安排都符合目标读者碎片化阅读的需求。总而言之，网络文学就是在商业环境中诞生的，它符合市场经济的一切特性，并且形成了当代消费者至上的理念，网络文学因此从诞生之日起就带着商品的基因。

3. 作家和读者在双向互动中完成作品的创作

商品经济时代企业之间的竞争日趋激烈，市场从企业主导转变为消费者、用户主导，一切以消费者的需求为导向成为市场主体的生存法则。网络文学平台作为市场主体，同样只有迎合读者需求才能取胜，因此网络文学的创作颠覆了传统文学独立创作的模式，而是在与读者的互动中完成。由于网络文学的发布是以章节和字数为节点的，故而上传的章节会受到相应读者的评价和建议，一些故事情节极有可能以读者的心理需求为导向，从而改变故事的走向，也就是说，网络文学平台提供了作者和读者双向互动的渠道，使读者参与到网络文学的创作中来。这既是互联网的交互式特点的体现，又是商业社会以用户、消费者为核心的要求。

二、网络文学平台的运营模式

（一）网络文学平台的运营模式：以起点中文网为例

起点中文网采用 VIP 会员付费阅读的运营模式，VIP 会员不仅可以享受更高的订阅折扣以及自由调整底色、字体大小、屏幕大小、夜间模式的特权，还可以通过点评、打赏参与到文学的创作中来。VIP 会员可以跟作者发布章节的时间保持同步，而非 VIP 则需要等待一段时间来免费阅读。网站通过 VIP 会员付费阅读的方式激励作者进行持续创作，事实上，这种方式也确实有效地维系了作者与订阅者的关系，为他们之间的"共同创作"提供了有利条件。起点中文网创造性地引领了网络文学从免费到付费的新方式，也激励着作者全力保证作品质量以及创作速度，为自身和网站带来了全新的盈利方式。

（二）网络文学平台对传统文学的颠覆

传统文学的面世总会经历长时间的创作、反复斟酌、与出版社沟通、编辑反复校对等严格的完善阶段。网络文学则完全不同，由于网络文学平台的商业化运营，网络文学总会分为几百甚至上千个章节，而且是即时创作即时更新，同时作者在创作的过程中也会征求读者的意见来完成或修改某个故事情节，作品的内容在尽力迎合读者的口味，这也是导致网络文学备受争议的原因。很多人认为网络文学摒弃了其作为艺术的独立性、完整性、独一无二的特点，成为了批量生产的商品，沾染了铜臭味的网络文学是对文学艺术的玷污。不可否认的是，网络文学本就是诞生于快速消费的商品经济时代和虚拟、追求速度的互联网时代，追求利润和速度是流淌在其血液里的特质。但是，其中仍不乏致力于追求艺术与利益共存的好作品，对其全盘否定显然是不客观的。

三、网络文学平台的盈利模式

网络文学平台的利润来源除了最基本的订阅收费、广告、出版之外，近年来大热的 IP 价值开发成为网络文学平台最大的盈利方式。

2011 年，腾讯提出了文学、游戏、动漫、影视等行业共同发展的泛娱乐战略，它是"基于互联网和移动互联网的多平台、多领域共生，以打造明星 IP 为核心的粉丝经济"。也就是说，网络文学通过改编为游戏、电影、电视剧、动漫及其衍生品，以实现其价值的最大化。网络文学 IP 的全媒体改编，不仅充分挖掘了网络文学的价值空间，更是为中国文化产业的发展指明了方向：构建成熟的文化娱乐产业链条，使各种文化产业分支在成熟的运作模式下相互利用、相互推动以求共同发展。

2015 年，网络文学被改变成影视剧的现象以井喷之势呈现：《何以笙箫默》《花千骨》《琅琊榜》《寻龙诀》等改编自网络文学的影视作品获得了收视狂潮，这些网络文学 IP 的开发也使投资商盈利颇丰。同时，网络 IP 游戏也有不俗的表现，以《花千骨》为代表的网络文学 IP 被改编成为手游，引领了网络文学 IP 改编游戏的热潮，页游和手游平台亦均出现了优质的网络文学 IP 改编作品。

由此可见网络文学 IP 改编为影视、游戏的力度之大。作为该产业链的下游产业，影视、游戏等衍生品正在实现网络文学的附加价值，且附加价值远远大于其自身价值。

四、网络文学平台发展中存在的问题

（一）创作环境过于浮躁，内容质量堪忧

现在网络文学签约作者有很大一部分是奔着丰厚的经济回报进行创作的，他们潜心研究的不再是文学本身的艺术价值，而是花费很长的时间和精力去揣摩读者的心理需求。此外，由于最终的经济效益与字数挂钩，故作者的文学创作渐渐沦落为堆积字数的文字罗列，对一个情节反复做一些

毫无营养的描述，文学作品俨然失去了它作为艺术品的审美价值，沦为生产流水线上的劣质商品。

（二）版权问题频现，损失严重

近年来，网络文学版权问题频频出现。2010年，纵横文学网擅自传播属于起点中文网版权的小说《永生》被状告。同年，盛大文学状告百度在其搜索引擎中提供大量盗版侵权链接。2013年，起点中文网的创始人罗立在离职后，将版权价值上千万元的作品，以20万元的低价卖给自己的壳公司，再进行高价转卖，被举报。

长时间的免费模式是消费者对付费获取内容的方式保持着陌生和排斥的心态，这就催生了一批违法复制转载原创内容的网站，这些网站通过盗取版权方的内容来招徕拒绝付费的读者，以获取点击量。还有部分签约作者为获得更高的报酬，通过提供与某一网站的签约作品给其他网站，进行多渠道宣传传播，侵犯了购买其版权的网站的权益。

2016年1月7日，艾瑞咨询发布的《中国网络文学版权保护白皮书》显示，"2014年全年，盗版网络文学如果全部按照正版计价，PC端付费阅读收入损失将达到43.2亿元，移动端付费阅读收入损失达34.5亿元，合计77.7亿元。此外，文化创意产业还损失21.8亿元的衍生产品产值"。版权问题如此严重，可见加强版权保护力度势在必行。

（三）情节内容同质化，担艺术创作之名而未行艺术创作之实

稍加研究即可发现，同种题材的网络小说情节总是大同小异。一种内容情节建构模式的成功总能引发相应的效仿，网络小说内容同质化已经成为不可忽视的问题。这种现象已经无关内容质量了，而是工厂制造式的网络文学作品已经僭越了最基本的文学创作底线，即使是商品市场经济时

代，对艺术的敬畏滑坡至如此之低，不管对发展文化产业还是艺术事业都是不良的警示。

五、网络文学平台未来发展路径分析

（一）提高网络文学平台的作品准入水准

急功近利的心态终究会摧毁整个产业，无论是什么样的时代、面对什么样的市场与消费者，作为内容产业，遵循"内容为王"的规则都是最重要的。从长远的眼光来看，网络文学产业的蒸蒸日上，必须摒弃短期盈利的心态，专注于高精尖文学作品的传播，在同类网站的竞争中以质取胜。这同样适用于创作者，劣质的内容不会产生良好的经济回报和价值评价。因此，作为网络文学平台，应该提高作品上传的门槛，同时不断加强对签约作者的培训力度。

（二）开启保护版权之战

版权的保护关乎网络管理和行业、个人的自律。网络管理应该聚合网信办、版权局、工信部等相关管理部门的力量，提供明确和便捷的维权渠道。加强行业和个人的遵法守法意识，加大版权相关法律法规的宣传力度，使版权保护意识深入人心。

（三）净化网络文学创作市场

文学艺术之所以成为一个产业是由于其内在的价值，如独特性、审美性具有市场需求。如果市场环境过于浮躁，同质文学商品过于泛滥，终将影响该市场的健康发展。因此，净化网络文学创作市场，还文学独特、艺术、美学的基因成为提升网络文学产业水平的重要环节。

参考文献

［1］周倩．"互联网＋"文学，还是文学的"互联网＋"［N］．工人日报，2016 – 01 – 11（006）．

［2］郑永晓．互联网的发展与网络文学在当代文坛的地位［J］．江西社会科学，2009（2）：12 – 17．

［3］欧阳友权．网络文学：前行路上三道坎［J］．南方文坛，2009（3）：41 – 43．

［4］卡力．从网络文学的发展谈网络文学的价值取向［J］．新疆广播电视大学学报，2008（3）：53 – 57．

［5］王小英．超长与微短：互联网时代"文学"的两副面孔［J］．社会科学，2015（10）：183 – 191．

［6］王文姬，李洁．"新版权时代"对我国网络文学版权的保护［J］．出版广角，2015（16）：10 – 11．

［7］周志雄．论网络文学的商业化问题［J］．中州学刊，2014（5）：157 – 162．

［8］王小英，祝东．论文学网站对网络文学的制约性影响［J］．云南社会科学，2010（1）：151 – 155．

［9］马化腾．互联网＋：国家战略行动路线图［M］．北京：中心出版集团，2015．

晋江文学城营销模式分析

梁文凤

20 世纪 90 年代，网络文学的出现改变了作者、出版机构及读者的形式与规模。CNNIC（中国互联网络信息中心）发布第 37 次《中国互联网络发展状况统计报告》显示，截至 2015 年 12 月，我国网民规模达 6.88 亿。其中，网络文学用户达到 2.97 亿，占网民总数的 43.1%。网民基数的大幅增加极大地促进了网络文学的发展，网络文学也以其文学种类多、作者门槛低、免费或低廉阅读、连载阅读、作者与读者互动性强等众多传统文学所不具有的优势吸引了越来越多的读者。

网络文学经过十余年的发展，至今已经形成了完整的产业链。尤其是过去一年间由网络文学作品改编的影视作品不断搬上荧幕并取得成功，优质网络文学 IP（Intellectual Property，知识产权）以其巨大的潜在商业价值促使各大相关行业将其视为内容的战略重心，并推动了网络文学产业的资源整合。晋江文学城作为全球最大的女性文学基地其营销模式必有独特之处，通过文献的查找及笔者体验对晋江文学城的发展现状及营销模式进行分析并提出目前营销模式的不足，由此给出自己的一些新思考。

一、晋江文学城发展现状

晋江文学城创立于 2003 年 8 月 1 日，曾用名晋江原创网，2010 年改为现名，是中国大陆范围内最具影响力的女性原创文学网站，同时也是全球最大的女性文学基地。晋江文学城日均页面浏览超过一个亿，日登录固定用户 220 万，根据 ALEXA（到联网公司）对外公开数据显示，晋江用户日平均在线时长达 75.2 分钟。目前晋江文学城门户网站共有 8 个站点 15 个小说频道。站点有：言情小说站、原创小说站、非言情小说站、完结文库、出版影视、游戏娱乐、衍生小说站及晋江论坛；小说频道有：古代言情、都市青春、幻想现言、古代穿越、玄幻奇幻、科幻网游、现代纯爱、古代纯爱、百合、短篇、同人言情动漫、同人言情小说、同人纯爱、非言情古代及非言情现代。截至 2015 年 9 月 30 日，晋江拥有在线作品 190 余万部，注册用户 1600 万、日登录固定用户 220 万、注册作者 50 余万人、签约作者 2 万余人。网站以每 750 部新作品诞生 2 本新书被成功代理出版、每日近万名新用户注册、上百部作品签约影视、过万部作品引入手机分销渠道，口碑卓著、优质服务等成绩在文学出版领域建立了极高的威望。

二、晋江文学城的营销模式

郭庆光教授认为："营销是以满足人类各种需求和欲望为目的，通过市场变潜在交换为现实交换的一系列活动和过程。"也就是说通过各种方式吸引用户，促进销售并通过富集注意力转现。目前原创文学网站的营销模式主要有内容营销、互动营销、事件营销、整合营销等，通过 VIP（贵宾）付费阅读、广告、实体出版、影视改编、游戏动漫等来获得收入。

（一）内容营销

原创文学网站所销售的基本产品就是内容，真正是以内容为王来展开营销。其主要靠原创、专业化和个性化的内容来吸引潜在的购买者（或者用户），进而培养一大批忠实的读者，并在读者群体中建立权威度、信任度，形成品牌，进而营销读者的购买决定和注意力。作为一个文化产品整合平台，无论是黏合读者、提高知名度还是诱导购买或消费行为，都需要以优质内容为前提。

晋江文学城作品内容涉及穿越、言情、影视、都市爱情、职场婚姻、青春校园、武侠仙侠、纯爱衍生、玄幻、网游、传奇、奇幻、悬疑推理、科幻、历史、散文诗歌等风格迥异、类型多样的网络文学作品，网站的这种不落窠臼的内容风格也在行业内独占鳌头。

晋江文学城通过付费阅读或 VIP 订阅的形式向读者出售内容，收费标准一般为一千字三分钱，订阅费则由网站和作者按五五或者三七的比例来分成。这部分收入是作者及网站最稳定的收入，由于读者数量多，即便单价便宜，总收入也不容小觑。例如新完结 VIP 榜的《相见欢》，该作品 228 章（共计 802383 字），VIP 章节 208 章，VIP 章节平均点击率为 3500 左右，非 VIP 平均点击率 8.5 万次。也就是说该作品仅按照高级 VIP 的收费标准，网站能够获益 76440 元，还不包括页面广告收益及实体书出版的销售收益，更没有包括影视版权输出所获得的收益。由此，不难看出整个营销的过程都是以内容为基础，不断黏合读者，实施购买（或者消费）行为。

（二）事件营销

事件营销是指企业通过策划、组织和利用具有名人效应、新闻价值以及社会影响的人物或事件引起媒体、社会团体和消费者关注，以求提高企业或产品的知名度、美誉度，树立良好品牌形象，并最终促成产品或服务的销售。互联网传播速度之快之广，常使某人或者某事物一夜爆红。企业常常根据此类热门事件开展一系列的事件营销活动，进而达到促成消费者购买行为及提高企业的品牌辨识度等。

晋江文学城在去年发出公告"11 月 26 日，腾讯云起书院《绝世神偷：

废柴七小姐》在情节事件、背景设定、人物设定、人物与情节互动等多方面的独创表达内容涉嫌抄我站《读者和主角绝逼是真爱》。这种抄袭并商用的行为，对网络原创文学的发展极为不利，也对作者及晋江文学城的权利造成严重侵害……"。晋江文学城网站通过此类事件引起读者的关注，从而提高自身的品牌辨识度，体现的是正是其事件营销策略。

（三）整合营销

唐·舒尔茨认为整合营销就是一种"用于长期规划、发展、执行并用于评估那些协调一致的、可衡量的、有说服力的品牌传播计划，是以消费者、客户、潜在客户和其他内外相关目标群体为受众的"战略性经营流程。此种营销手法就是通过资源的整合，形成协调统一的传播策略，强调利益共同体的和谐稳固关系，从而实现互利共赢的局面。晋江网以内容为纽带整合所有资源，通过多次贩卖串成一个全媒体全产业链条。作者入驻晋江网平台，发表作品，第一次通过 VIP 付费阅读直接贩售给用户；晋江网通过富集作者粉丝注意力第二次贩售给广告主；晋江网又通过与出版社的对接，代理作者进行实体出版活动，进行了第三次贩售；由于电子书及纸质书的大卖引起了媒体的关注，从而引起了影视公司的关注，有可能促使该作品的影视版权输出，从而有了第四次贩售；作者亦可以通过自媒体平台、社交平台及书评与读者互动，从而促使读者购买道具如晋江网提供的霸王票。

由此，晋江网就完成了与电视荧幕、电影银幕、自媒体平台、社交媒体平台、报纸书籍的完美整合，实现了整合营销所要达到的提高品牌说服力及整合消费者、企业用户的目的，进而达到了利益最大化。

（四）互动营销

晋江文学城的互动营销一是通过网站布局与设计来设置互动情境，

用户进入门户网站的首页扑面就是一股绿色春意，让人宁静又感到灵动。门户中有 8 个分站点，用户可根据自己的需求，选择进入哪个站点开始相关小说类别的选择性阅读，全过程都是用户自主自愿通过与网站进行问答式的活动。二是用户在阅读作品的过程中，与作者、作品主人公等进行心灵的交流。三是通过社区实现作者与读者、作者与作者、读者与读者之间进行多向交流。每一部作品就相当于一个小社区，每篇文都设置了作者及读者回复，在此作者可以与读者及其他作者对作品进行交流或者推荐其他新文、好文。作者一般也会给每一篇文建立一个 QQ 群，黏合忠实的读者，通过朋友式的交谈，拉近作者与读者的关系。作者可以根据读者的建议意见适时地改进或者调整文章的内容与结构，也可以根据读者的霸王票投票情况及长评在群里实时对读者进行感谢，甚至可以通过此类平台呼吁读者投票或者评论。此外，作者还能够通过此类平台在开新文时告知读者，延续读者的关注度，从而达到销售的目的。四是通过各类榜单，促使作者与作者、读者与读者及作品与作品之间的互动。晋江网有作品类的收藏榜单、VIP 榜单等，读者的霸王票榜单，作者的勤奋指数榜单等。不管是作者还是读者都可以根据榜单寻找自己的位置，而晋江网就是利用了大众的攀比心理设置了此类榜单，通过互激机制促使个体不断前行，促成消费者的购买行为。例如霸王票榜单分为 12 个等级，其等级按照霸王票投送金额来决定。该榜单还采取用户名实名制方式，读者粉丝可以很清楚地看到自己所处的位置，并了解到自己还须投送多少金额以便上升等级，即便是同等级也可以在此范围通过霸王票的投送来调整排序，榜单系统还会在读者读书过程中推送排名消息，告知读者还须投送几张霸王票即可上升一名。

晋江网所开展的互动营销，为网站带来了大批的读者、粉丝及经济效益是毋庸置疑的，一部稍火的作品单 VIP 收费阅读及霸王票就有 13 万元的收入，可想而知整体销售收入是多么惊人。

三、晋江文学城营销模式的不足

（一）内容质量不高

晋江文学城的作品数量确实非常庞大，但是优质作品并不是很多，内容多出现同质化或者低俗化，创新度不够，艺术手法也比较单一。产品作为营销的基础，质量不过硬也很难产生销售额。当然也不否认网站很会及时把握读者的口味，进行分类排序，作者也能根据读者的需求对内容进行把握，但是这种商业利益的驱使下，无法更好地激励作者进步，作品质量不高。即便出现几部优质作品也难以成为经典，会随着读者口味变化而消弭。不管是就文学审美还是就社会责任及以"内容为王"的原创文学网站来说都是不利自身发展及文学发展的。

（二）作者队伍不成熟

大部分作者年龄比较小，不管是社会阅历及文化素养都不是很高，普遍体现为文学积累不够深刻、逻辑思维混乱、缺乏常识及历史知识等，这都使作品不仅生涩还漏洞百出，而且此类错误一般都是比较常识性的错误，本应该很容易避免的问题。也许是因为文章都是连载发表，出现写着后文忘记前文或者一味迎合读者，缺乏一定的严谨性。尽管有人说此类网站就是休闲娱乐的没必要太较真，但是该类网站的读者大多是年轻一代，通过阅读潜移默化地接收错误信息容易形成错误的观念，甚至对读者产生危害。

（三）内容保护度不高

晋江文学城 2014 年通过与网易云阅读合作授权作品 2 万部，但是不可否认还是有大量的作品外流在各类网站，并取得收益，从而损害了网站及作者的利益。部分读者会通过晋江网查找喜欢的作品再通过其他途径阅读从而规避 VIP 章节的付费问题，而也正是由于读者的这种需求促成了盗版网站的出现。特别是通过影视剧改编本应大卖的付费订阅，由于其早早完结，用户完全可以通过其他渠道获得全文而不考虑购买正版。

四、总结

首先，晋江文学城当前读者及付费制度的等级机制已设置得相对完善，但是却并没有比较成熟的作者等级制度。网站可以考虑通过建立作者等级制度来进行利益分成，从而激励作者写出更多优质的作品。其次，由于盗版泛滥，网站可以通过文字禁止复制及裁剪等技术来加大盗版的成本。网站自身应该建立一支盗版监管队伍，利用文字搜索抓取技术，及时发现存在的盗版网站。网站还应当发动读者进行盗版监督，可以通过奖励机制（即奖励晋江虚拟货币）来引导读者举报盗版网站，这一方面可以有力地打击盗版，另一方面也在一定程度上培养了读者的维权意识及版权意识，从消费观念上来减少盗版行为的出现。

晋江文学城在前进的道路上肯定还会遇到越来越多的障碍，竞争也会越来越激烈，其在未来会保持何种地位，又会带来怎样的变革，都值得我们去期待。

参考文献

［1］大众财经图书中心编．新编管理词典超级实用版［M］．北京：中国法制出版社，2013：296.

［2］陈虹，晋江原创文学网络整会营销模式特点分析［J］．东南传播，2009（9）：141－143.

豆果美食 APP 发展路径探究

刘亚楠

民以食为天，在衣食住行四个方面中"食"的重要性可见一斑。2015年2月初，易观国际发布了《中国移动美食市场用户研究案例专题报告2014——豆果美食案例分析》，报告显示：美食市场的下载量屡创新高，用户规模不断攀升。随着互联网的不断发展，加之"互联网＋"的提出，出现了 UGC、B2C（商对客）、O2O、C2M（客对厂）等商业模式。豆果美食在近年来的发展中，在一个个商业模式席卷企业的风口也把握时机不断转型。作为目前下载量最大的菜谱类 APP，其发展之中的成功经验值得探究与借鉴。本文旨在对豆果美食 APP 的发展路径进行探究并尝试探讨豆果美食 APP 未来的发展之路。

一、豆果美食 APP 产品简介

豆果美食是由王宇翔和 7K7K 前副总裁朱虹于 2008 年 1 月共同创立的美食互动社区网络，其前身是王宇翔和朋友一起创立的"我菜网"。豆果美食移动端上线于 2011 年 5 月。2011 年 6 月，豆果美食完成 1200 万元 A 轮融资，投资方为盛大资本；2013 年 3 月，完成 800 万美元 B 轮融资，投资方为纪源资本；2014 年 11 月完成 2500 万美元 C 轮融资，估值约 3 亿美元，投资方为高瓴资本、清流资本。

豆果美食致力于为用户提供一个在线的厨艺交流平台以及分享美食、心情和故事的倾诉之地。同时为喜爱美食、热爱生活的人提供了一个展现自己厨艺的舞台，也为发愁吃喝的厨房新手提供一个学习的课堂。用户群体定位是"80 后、90 后"，其中 80% 是女性。目前，豆果美食是国内第一家也是规模最大的发现、分享、交流美食的互动平台。

二、豆果美食 APP 发展现状

假设把美食市场比作一个大蛋糕的话，那么外卖、食材、菜谱、做菜等细分市场显然都是其中一角。根据华为手机应用市场数据显示，2016 年 4 月 15 日，豆果美食的下载量是 1290 万次，下厨房的下载量是 733 万次，好豆菜谱的下载量是 784 万次。而在菜谱这一同质化严重的竞争市场中，相较于下厨房和好豆菜谱，1290 万次下载量的豆果美食占据的市场份额显然更大，地位更高。这样几乎压倒性的优势无疑使得豆果美食在前进之路上有更高的起点。

三、豆果美食 APP 发展路径探究

（一）建立期

在豆果美食网站成立之前，"毒瓜子""苏丹红""哈根达斯黑作坊""人造蜂蜜""瘦肉精"以及"三聚氰胺"等事件接连被曝光，食品安全问题日益突出。同时，随着经济水平的不断提高，人们对生活质量的要求日益增加，一方面是为了确保食物的干净卫生，另一方面是为了贯彻少盐、少油、低脂的健康饮食习惯，不少人开始逐渐减少外出就餐的次数而

选择自己动手下厨。但是可能由于此前没有下厨经验，很多人并不知道完成一道菜品需要哪些原材料，甚至炒菜的步骤也不甚清楚。此时，豆果美食网站的出现可谓是恰逢其时。

豆果美食最初通过做 UGC 社区积累用户，即豆果美食提供平台，那些喜欢下厨并且喜欢和别人分享烹饪经验的用户在注册并登录之后通过平台上传自己的菜谱以及成品，为豆果美食平台提供内容，用户之间形成自己的社交圈。2008 年，QQ 空间和人人网（原校内网）风头正劲，尤其是上传照片至相册这一功能更是圈粉无数。更多人开始习惯并喜欢和自己的朋友们分享照片。恰巧豆果美食的其中一个优点就是可以上传图片，让其他用户都可以看见成品，以此增加菜谱的可信度。当别人分享菜谱之后，其他用户可以通过关键词搜索获得自己想要的菜谱，甚至可以比较不同人的菜谱从而选择最适合自己的。同时，网站开辟的评价功能也使得上传菜谱的人和学习的人进行互动，相互联系、切磋厨艺。对热爱烹饪的人来讲，通过浏览一个完全免费的网站既能学到烹饪技巧又能增强互动体验，不失为一种乐趣。

可以说，豆果美食网站的出现既满足了内容提供者和他人分享成果的意愿，又满足了用户搜索菜谱的需求，同时强化了社交功能。而其自身则可以积累用户，构建社区，为下一步的转型和发展做好铺垫。

（二）发展期

1. 抢占移动终端市场

如果说豆果美食在深耕用户时有什么阻力，那一定就是用户体验不够完美。例如，某个用户在菜谱评论区进行了提问，可是很可能因为菜谱提供者没有在线所以导致用户并没能及时得到回复。对那些急需回答的用户来讲很可能就是不好的用户体验。如今，用户可以通过手机的消息提醒功能知道是否有人对菜谱进行了评价或者提问，但是在豆果美食最初发展的时期，是没有如此条件的。

随着互联网不断发展以及智能手机、平板电脑的逐渐普及，越来越多的公司开始抢占移动终端这一广阔的用户市场。豆果美食网自然也不例外，其表现形式就是豆果美食APP。豆果美食APP正式上线是在2011年5月份，在整个行业里面较为靠前。

通过前期网站对用户的积累，将部分有条件的Web端用户"复制"而不是"剪切"到移动端，使他们成为移动端的最早一批用户。一方面，对于这些有智能手机或者平板电脑的用户来说，通过移动终端就可以直接拍照上传自己的作品，同时还可以直接拿着手机或者平板电脑进厨房就可以学做菜，而不用再沿袭以前从电脑上抄菜谱再去做菜的方式；另一方面，可以及时接收到来自APP的消息提醒，如果用户恰巧有时间则可以及时回复评论或者提问。另外，通过用户介绍、广告、流量导入等方式，豆果美食APP也在继续积累用户。

2. 深耕用户

无论是豆果美食网的建立还是豆果美食APP的应用，有一件事是豆果美食从成立之初就坚持做的，那就是深耕用户。

将APP推荐给用户是相对简单的事情，但是如何能留住客户才是关键却又困难的事情。一般来讲，APP都会有核心用户，这些用户会经常浏览社区，对社区有归属感，同时有能力为社区贡献优质内容。APP也会有普通用户，这类用户虽然经常浏览社区，也会时常在网站上或者是APP上面进行搜索、发布、评论等操作，但是忠诚度明显不如核心用户。还有一些可以称之为浏览用户，只有在需要的时候才会进行访问。这就需要去深耕用户，增强用户黏性。

（1）食谱细分。在发展期，豆果美食通过对用户生成的内容进行整理、分析，将食谱分门别类、进行细分。如针对喜爱做甜品的用户，豆果美食开辟了烘焙栏目，里面又进一步细分为面包、蛋糕、饼干等种类，甚至对蛋糕这个整体也做了细分。为满足不同地域用户的需求，豆果美食开辟了根据菜系提供食谱这一栏目，包括东北菜、川菜、鲁菜、湘菜等菜系。这样一来，有目标的用户可以采用搜索功能对自己想做的菜进行检索，而没有目标的用户则可以根据自己的喜好和口味去细分栏目进行选择，既方便了用户查询，又可以满足多样化的选择。

（2）记录用户浏览痕迹，开辟菜谱收藏功能。想深耕用户，就不得不提把握用户喜好的重要性。豆果美食可以记录用户最近浏览的菜谱，同时开辟了收藏功能。通过这样的方法，可以搜集用户数据，分析用户的喜好，这些信息在以后的发展之中也可以当作参考。

（3）增强用户体验，开发"加入采购清单"功能。在深耕用户方面，豆果美食一直能够抓住用户需求。大多数用户都是在搜索菜谱之后才会去买食材。在开发出"加入采购清单"这一功能之前，用户需要将菜谱收藏，然后在挑选的时候从收藏夹中把菜谱打开对照食材清单才能进行挑选。这样一来浪费时间，二来等食材买回来之后仍然需要再次对照菜谱进行挑选，未免太过麻烦。而"加入采购清单"功能的开发，很好地解决了这个问题，用户只需要将食材清单加入采购清单就能在只打开一个页面的情况下获得所有的食材。可以说，这个功能的开发很好地增强了用户体验。

3. 强化社区属性

2013 年年中，为了让社区互动性更强，豆果美食开始强化社区属性，推出"圈圈"功能，在这一功能之下，设置了几个话题，如"一如烘焙深似海""瘦成一道闪电"以及"豆果摄影社"等。这些话题的设置和用户当下需求及兴趣爱好紧密结合，更容易吸引用户加入。这些话题之下，设有今日围观数，并设有最热活动和最热帖子，吸引用户点击。用户可以发布帖子，创建主题，并与其他人互相讨论与交流，不再完全依靠每个菜谱之下的提问与评论。虽然这个功能的推出能够强化豆果美食的社区属性，但是很多用户连续不断发布的广告却也在一定程度上破坏了用户体验。

在发展期中，正是豆果美食抢占终端市场、深耕用户、强化社区属性这几个举措使得豆果美食夯实了基础，为不断创新发展奠定基础。

（三）"社区+电商平台"时期

随着 UGC 模式的成功应用以及社区的顺利构建，用户的积累形成一定规模。尤其是 O2O 模式的快速发展，给用户的生活带来了极大的便利，豆果美食开始将注意力放在电商之上，但是发展仍然是在社区的基础之上的。原本豆果美食只是在线上开展了社区的互动，但是随着 O2O 风口的逐渐来袭，豆果美食几乎每周都会在全国各个城市举办 Family Day（家庭日）的线下活动，把用户聚集在一起。用户的线上线下活动完全打通，除了美食，还可以开展多方面的交流与互动。

2014 年 10 月，豆果美食推出"优食汇"（即购好货栏目），开始试水电商。

在豆果美食 APP 购好货这一栏目之下，除了抢购专区和必败专场两个项目之外，还有和大多数电商一样的可以搜索的销售产品。这些商品包括新鲜食材、调味料及餐具家电等。而在抢购专区，则和手机淘宝的淘抢购相类似，不同之处在于抢购专区里面的商品都是低价且包邮。而在必败专场里，商品大多是打折或者是有活动优惠的。虽然抢购专区和必败专场每次放出的商品种类或者数量很少，但正是因为每天能够有这样的优惠活动吸引用户前来这个栏目，才能将这些流量转化成浏览普通商品的流量，从而促进商品销售。

（四）"电商平台+轻烹饪 2.0"时期

2015 年年中，豆果美食 CEO 王宇翔提出轻烹饪 2.0 概念。轻烹饪指的是以加工半成品为主，另外还包括了烘焙、厨具等品类的厨房模式，是豆果美食和自身的电商平台联合推出的厨房理念。它以"半成品"切入电商，紧贴"女性不做饭"的趋势，提高用户的效率，压缩在厨房中烹饪的时间。

对热爱烹饪但是时间不充裕又不想出去吃的用户来说，轻烹饪2.0能够帮助用户简化烹饪流程，节省时间；对想要学习烹饪但是没有基础的用户来说，轻烹饪2.0能够帮助用户逐渐熟悉烹饪流程。但是目前豆果美食在半成品领域开发出的菜色很少，虽然现在菜品的销量高，但是如果不能增加用户或者是开发新菜色，那么随着新鲜感的逐渐丧失，订购的用户数量就会逐渐减少。因此，想要贯彻轻烹饪2.0理念，未来仍然任重而道远。

四、豆果美食 APP 未来发展路径分析

哈佛大学经济学博士钱颖一曾说：当今技术变化，特别是移动互联网，降低了进入门槛，又可满足个性化需求，非常有利于大众创业，万众创新。在"互联网＋"的浪潮之下，如何利用好"互联网＋"提供的有利条件和优质资源是豆果美食能否取得进一步发展的重要影响因素。

而从产业链研究入手，当内容提供商提供产品时，必然要顾及终端用户的需求。在供给侧改革的大环境下，提供商能做的不是继续生产自己想生产的，而是要生产用户真正需要的；不是去期待或者是强制需求结构的变化，而是要改变供给结构。而"互联网＋"，恰恰给我们提供了这样一个了解需求结构从而改变供给结构的机会。

豆果美食主打厨房经济，其盈利模式主要基于三个方面：数据输出、广告以及电商。数据输出和广告就是做一些和厨房相关的食材、家电、厨

具和调料等业务以获得收入。而电商平台仍是大有可为。豆果美食可以利用现有的用户数量以及口碑优势建立自己的 C2M 平台。

既然豆果美食主打厨房经济，那么厨房周边的产品都是可以选择的产品。比如餐具的定制。一个碗成本价 2 元，在超市值 5 元，而在宜家则可能值 10 元。在豆果美食一个碗也可以有它的价值。就像是功夫茶的茶具，随着人们生活水平的不断提高，对生活细节的追求更加精益求精，哪怕是在一个普通家庭，只要主人有这方面的需求就会去研习茶艺，甚至茶室可以去开发用户这方面的需求，那么茶具就会具有一定的销售市场。

对豆果美食来说，小到一双筷子，大到一个锅，甚至是一套橱柜，都是市场。在现有的条件之上豆果美食可以接受对颜色、花纹、形状以及大小的定制，或者是对整套餐具的定制。考虑到模具固定不利于定制，可以在综合考量性价比的基础之上，和 3D 打印的厂商或者是研究机构进行合作，共同开发现有及潜在市场。

豆果美食可以通过和美食博主的合作吸引关注度。让他们在分享食谱或者是美食的时候选用在豆果美食定制的餐具，那么通过他们的推荐以及用户的精准化搜索，一定会进一步增加豆果美食以及定制平台的知名度。

若是豆果美食选择做 C2M 商城，其有以下几方面的优势。

1. "吃"是刚需

"民以食为天"，人不管吃得好还是坏，都要吃饭。所以，"吃"是刚需。之前，豆果美食在饮食方面做出的探索以及对厨房场景进行的布局都是围绕刚需展开的。未来，"吃"还是刚需，所以怎么利用好这个刚需就是豆果美食需要进行的探索。

2. 用户数量充足且质量较高

经过多年线上的用户积累及深耕用户，以及近年来社区开展的一系列的线下活动，豆果美食积累了大量用户，且很多都是追随豆果美食多年的优质用户。他们对豆果美食有很高的忠诚度，同时通过和朋友分享他们的使用经验和体验还可以帮助豆果美食宣传，增加知名度。

3. 品牌知名度高

豆果美食的出现是随着美食食谱类市场的崛起而成长起来的。作为元老级的工具APP，豆果美食在深耕用户以及构建社区的同时形成了自己的品牌效应。不管是网站和APP界面清新的设计，还是为用户着想而开发的功能都为豆果美食的可信度增色不少。通过豆果美食的自身宣传、造势以及用户之间的分享，豆果美食、下厨房以及好豆菜谱已经成为了菜谱类APP第一梯队的主力军。这样的高知名度，为豆果美食将来继续开展厨房经济以及C2M商城打下了坚实基础。

4. 知名的合作伙伴

豆果美食有很多合作伙伴，其中不乏三星、华帝、西门子、九阳、《舌尖上的中国2》这些大牌伙伴。强强联合的结果就是更高的知名度和更加广阔的市场。

在此基础之上，还有很多方面值得研究。比如如何继续提高用户体验？是否加强评论区发帖内容尤其是广告安全性的审核以及举报制度？可不可以利用手机锁屏页面对豆果美食进行宣传，在锁屏页面上面创作一些和美食文化有关的内容？怎样能够深入开发交易的衍生价值，在原交易结束的基础之上还能展开新交易？是不是可以和商家进行合作开展团购业务？这些都是需要进一步进行探究的。

不可否认，豆果美食发展至今是成功的，但是在同质化严重的市场中，如何做到保持住自己的优势并且进一步发展仍然任重而道远。毕胜曾说："未来电商的商业模式一定是C2M。"是否学习、采用这种商业模式以及如何把握住这个机会，对豆果美食来说是未来发展之路上的机遇与挑战。

参考文献

［1］沙拉．豆果美食　厨艺交流　美食体验［J］．电脑爱好者，2013（21）：75．

［2］齐洁．豆果网：美食社区卖数据［N］．中国经营报，2011 - 08 - 29（C15）．

［3］郝影．美食社区的变局之年［J］．互联网周刊，2015（6）：38 - 39．

［4］温宇．豆果式好感从何而来？［J］．成功营销，2014（6）：66 - 67．

［5］佚名．豆果网：以食会友的"圈子"生意［J］．生意通，2011（12）：43 - 44．

［6］罗洺予．豆果网：菜谱社区的电商梦想［J］．创业家，2011（9）：36 - 38．

［7］王硕．转型电商　豆果美食欲构建厨房生态［N］．中国商报2016 - 03 - 23（6）．

［8］沈洁．舌尖上的社交——豆果网网站模式研究［J］．新闻世界，2014（7）：250 - 252．

人人美剧社区模式分析

杨胜忠

"互联网＋影视"的其本质是用互联网改造传统影视产业链。借助于用"互联网＋"，传统影视产业有望达到"互联网－"的效果，包括渠道营销、内容生产以及跨界资源整合。自 20 世纪 80 年代起，第一部美剧被引进中国，37 年时间内，美剧经历了由电视台引进，到 DVD 发售，再到互联网传播的三个阶段，美剧在国内已经拥有了固定的受众人群。随着近年来版权意识的觉醒，国家打击影视盗版的力度越来越大。在此现实基础上，利用"互联网＋影视"的模式需求新的发展模式变得迫切起来。

"互联网＋美剧"模式的提出，不仅需要改变的是美剧的传播渠道，内容制作，更需要寻求跨界融合。"互联网＋影视"象征着互联网与传统影视产业的有机结合，本身就是一种跨界融合。借助于互联网的精准对接与优化配置功能，传统影视营销渠道趋于扁平化，价值链和中间环节被压缩，实际完成了互联网减的效果。在经历了版权之灾后，资源分享站人人影视开始转型为美剧的"媒体＋社区"，同时宣称将打造中国最大的美剧社区。而转型之后的人人美剧的重点是"社区"，如何建立自己的美剧社区，及如何将原有的人人影视受众群体转移到现有的"社区"中来，如何吸引新的受众群体，如何将原有 PC 端的粉丝经济提现等一系列问题，都是人人美剧目前最急需解决的。只有弄清楚"互联网＋美剧"的核心关键是要有更大的格局思维和行业布局，才能在"互联网＋"的潮流中占有一席之地。

一、美剧在中国的发展历程简述

1979 年，美国总统尼克松首次访华之后，中美两国签署了一批文化交流项目。第二年，一部由中央电视台译制部引进的美国科幻连续剧《大西洋底来的人》，突然出现在每周四晚 8 时的电视屏幕上。同期引进的还有《加里森敢死队》。1990 年，上海电视台第一次引进家庭题材的情景喜剧《成长的烦恼》，成为经典之作，在中国从 1990 年一直播到 1994 年。

1995 年《老友记》在明珠台首播造就了最早的国内忠实的美剧迷，当时的范围主要集中在广东沿海地区。而它正式在全国范围内的流行是在 2000 年前后，由于 DVD 的普及，国内观众的视觉生活终于不受限制地丰富了起来。《老友记》可以算是最早被内地 DVD 发烧友发现的美剧。进入 21 世纪之后，得益于网络的广泛应用和发展，美剧在中国迅猛发展起来最具代表性的就是由 FOX 公司 2006 年的年末推出的连续剧《越狱》。从它走红开始，美剧在中国的网络时代正式起航。一些原本默默无闻的翻译小团体，因为定期为《越狱》制作中文字幕而逐渐发展壮大，最终成为一种叫作"字幕组"的新兴民间组织，而五花八门的下载网站和技术共享也如雨后春笋般冒了出来。

二、人人美剧简介

人人影视的前身是于 2006 年 6 月 1 日成立的 YYeTs 字幕组，它是国内创立最早、影响最大的字幕组之一。2007 年正式更名为人人影视。最鼎盛时期，人人影视聚拢了 2000 多名兼职的字幕翻译，他们自发地组织在一起，维持着这项"公益"事业。免费的字幕和下载资源让它积累了大量美剧迷。2014 年 10 月，美国电影协会（MPAA）公布的一份全球音像盗版调查报告显示，人人影视和迅雷在其公布的黑名单之列。12 月 20 日人人影视正式关站。

人人美剧是人人影视"整改"之后的组织形式。2014 年年底，当时的人人影视获得了创新工场的天使投资，2015 年 2 月 6 日，它以"人人美剧"的形式回归，宣称要做"中国第一大美剧社区"。2015 年 10 月，同名APP 在 360 手机助手平台上线。

三、"媒体＋社区"模式分析

（一）媒体资讯

无论是维持既有用户的活跃度，还是吸引更多新用户，人人美剧都必须要有更多内容，但获得内容并不容易，因此只能创造更多资讯来维持同等效果，唯有这样，它才可以为大网站导流，以争取更多内容。

资讯分为两种，一种是新闻型的信息更新，另一种则是用户讨论。

1. 新闻型信息

新闻型信息中最值得注意的是排期表功能，按照日期将同一天更新的连续剧罗列在一起，方便用户刷新每天更新的剧集。另外，人人美剧也将在"美剧圈"即时更新明星在社交媒体上的相关动态，采用双语更新。同时成立美剧资讯类节目，更加全面地向受众传达美剧资讯。

2. 用户讨论型

人人美剧因版权问题不再向用户提供视频下载，而是转为在线观看和缓存。有别于其他视频网站的是，人人美剧的在线观看模式仅提供评论功能，且用户不能对已有评论进行点赞和踩，也不提供弹幕功能。人人美剧初衷是为了将所有用户、话题集中于社区来聚拢人气，但事与愿违。人人美剧 COO（首席运营官）苗昊霖在接受媒体采访时透露，截至 2016 年 2 月，人人美剧已有 400 万注册用户，日活跃量可以达到 30 万。以"本周热门话题"为例，最为热门的话题"美剧穿帮镜头"，截至周六（周一至周日为一轮），有7357人次观看，2260个讨论；12个热门话题中，排在末尾的话题只有371人次观看，160个讨论。而在用户自由讨论的"综合社区"中，最热话题104个评论，且是该板块中唯一破百的帖子，多数帖子评论均为个位数，且存在同一ID重复发帖的情况。综合来看，人人美剧用户讨论热度并不高。但也有网友指出，讨论热度不高，是因为手机打字麻烦。

为弥补缺乏直观展示剧集热度的参考指标，用户可通过撰写剧评的方式来表达对该剧的喜爱程度。以2015年10月2日到2016年4月17日的67篇剧评为例，其评论量超过百位数、十位数、个位数之比为23：33：11。最高评论量为《行尸走肉》第六季第四集的566条，最低为《华丽黑影的苍白》的3条评论。用户并没有因为在线播放部分缺乏讨论机制，而集中于该板块来表达个人看法。

为了更好地聚拢社区人气，人人美剧团队参照会员积分制来增强用户活跃度，将会员划分为15个等级，积分唯一的获取途径就是完成任务，等级越高，在社区中则对应的拥有更多权限。

人人美剧团队为增加用户活跃度，还引进了银币兑换实物机制，以此来增强用户的参与度。根据人人美剧编辑部发布的"土豪榜"显示，2016年4月12日至18日兑换的礼品中，变色马克杯兑换仅为3件，兑换银币为1800银币。

人人美剧上出现的美剧资讯和热帖话题，大部分都是由编辑完成。这种有策划性的话题需要重操纵，且对提高用户的活跃度见效慢。"事实上，这些年百度贴吧、豆瓣、甚至天涯这类社区日渐式微也说明了，能在社区里产生高质量内容的用户已经越来越少了。"周为民对《好奇心日报》说。

（二）视频内容走向

人人美剧的核心是美剧，美剧的竞争力是字幕。人人影视以更新速度快、片源全、字幕生活化、可下载等特点在竞争激烈的美剧市场中分得一杯羹。由于时差和管理制度及字幕等原因，美剧并不能像港台连续剧一样，实现两地同时播出（大陆部分地区和部分网络播放器可观看直播）。2015 年 4 月，广电总局出台的《国家新闻出版广电总局关于进一步落实网上境外影视剧管理有关规定的通知》（以下简称《限外令》）正式实施，意味着境外剧的引进数量、内容及时间都有了相应的限制。海外剧引进规定要求视频网站买到的境外内容必须持证上岗，2015 年海外剧引进的窗口滞后期约为半年。

人人影视发家于免费向美剧喜爱者提供美剧资源，但转型之后的人人美剧不能再做资源分享站，唯一的转型模式是做社区。相较于搜狐、乐视、优酷等大型视频网站每年在视频内容上花费上亿元，甚至几十亿元的资金投入相比，对于刚起步的人人美剧来说，这无异于是以卵击石。为了能够获得更多美剧资源，缩小与各大视频网站之间在片源数量上的差距，人人美剧团队不得不需求与更大视频网站进行合作。周为民介绍说，人人美剧的内容主要来自于搜狐、乐视、PPTV 三家视频网站，前者为后者导流量，以此获得视频的内容源；更新的美剧获取渠道主要通过引入 A 站（AcFUN 弹幕网站）的 UGC 内容源获得。目前从美剧所更新的资源均来自源 1，而源 1 则来自 VST 全聚合直播平台。① 换句话说，人人美剧现有的视频内容来源是在打政策擦边球。人人影视时代的片源主要来自于国外的 0day②，0day 主要依靠电视制片厂商，发行厂商等内部人员，或者其他有渠道的人士翻录而来，质量

---

① VST 全聚合是一款适用于智能机顶盒、智能电视、平板及手机的视频播放软件，内置 600＋直播频道和数十万部点播影片，24 小时实时更新，为用户提供影视资源。

② 0day 中的 0 表示 zero，早期的 0day 表示在软件发行后的 24 小时内就出现破解版本，现在我们已经引申了这个含义，只要是在软件或者其他东西发布后，在最短时间内出现相关破解的，都可以叫 0day。

好，但是 0day 不可以发原盘，不然会影响后续 DVD 和 BD 销售。而选择接入 A 站和 B（bilibili）站是出于对用户体验的考虑，可以避免片头广告和贴片广告的困扰。

为了进一步扩大片库资源，人人美剧将在内容层面深挖，其中包括外国剧集引进和自制网剧。

1. 引进小众美剧

一些国内的热门剧在国外其实并不十分扎眼，只要摸对门路，在国外反响平平的美剧也可能在国内变成现象级神剧。《越狱》在美国国内并非口碑上佳的剧集，关注率也远没有国内高，第四季的收视率在美国已经跌到历史新低，可在中国，它依然是里程碑一样地存在。

在受众市场细分时代，垂直、细分内容的聚合平台更具有竞争力。抛开经验主义不说，"社区"也能提供大量结构化数据，作为引进剧集的有力参考。小众美剧价格上的优势，可以让人人美剧避免与各大视频网站产生资金竞争。

2. 自制网剧

人人美剧希望采用的方式，是根据社区呈现出来的大数据，将美剧翻拍。要从美剧入手改编自制国产网剧，人人美剧要迈过的坎就不少，包括如何从美剧爱好者到普通人的延伸、保持品位以及对制作环节的掌控等。目前，人人美剧已经开始谋划两部热门美剧的翻拍计划。

3. 自制与美剧相关的节目

相较于美剧来说，节目制作流程更容易控制，也能最直接展现出制作团队对美剧的理解，而人人美剧在这一方面，拥有绝对实力。目前自制资讯类节目有美剧资讯周报、人人预告、早间新闻等。

依傍美剧做内容深挖，已经是人人美剧的既定战略，相比各大视频网站，该团队的优势就在于最为清晰的用户画像，这也是内容生产的关键点。早先积累下来的大量用户已经有了清晰的集体属性，而在社区中的互动，会显现出这些粉丝们最为精确的特性。

《限外令》的实施还意味着，通过大型视频网站引进版权的新剧的更新速度跟不上用户追新剧的速度。其实施一方面切断了网民在线观看美剧的途径，另一方面也将美剧迷聚集在一起，对于目前仍然有资源、有在线观看平台的人人美剧来说，既是挑战也是机遇。

相比起平台上剧集的更新"速度"，人人美剧更要强调平台上观剧的便利性："就像游戏用户会从网页游戏转移到移动终端，看剧的习惯也是，大家会更多地使用碎片时间来看剧。"针对于国内的热门美剧被各大网站瓜分，用户追多个剧则需要在各个视频客户端上来回切换，做聚合类平台则意味着能满足更多用户的实际需求。

高质量的内容依赖于字幕组内部具有的一套翻译校对流程和默契。在优质内容的背后，是大量的字幕组成员在做编译，还有专人对这些信息做深度审核和加工。人人美剧团队目前的 20 多名员工都是资深美剧迷，包括 CEO 周为民。

四、盈利模式

"做社区，而不做资源分享站"的想法为人人美剧成功吸引到第一笔投资。2014 年年底获得创新工厂的天使轮千万元融资；2015 年 9 月 24 日，再次获得盈动资本的数千万元 A 轮融资。相较于国内成熟的视频网站的盈利模式而言，人人美剧的盈利模式单一。

（一）广告

转型之后的人人美剧秉承着用户体验第一的运营理念，广告的插播范围、频率受到很大限制。人人美剧 APP 广告主要分为三部分：第一部分是 5 秒的开机大屏；第二部分是贴片广告，位于追剧栏中的"今日头条 APP"

连接；第三部分则是在片尾的"人人留学"。对于商业网站来说，这点广告"少得可怜"。

"爱好美剧的人群，有着鲜明的特征"，周为民这样总结这个人群，"从整体人群来看，美剧人群最多集中在 20～35 岁，具有较高的学历和较强的消费力，同时相对比较精英，拥有较高的鉴赏力，也比较容易成为某些圈子的意见领袖"。但也有业内人士表示，虽然美剧在很多一线城市的白领当中还是很火爆，但是它在中国的整体受众是小众的，靠贴片广告不足以形成一个正向的盈利模式。

（二）美剧周边产品开发

人人美剧把"媒体"功能当作转型后的重点来做，是为美剧周边产品开发做准备的。某些热门影视剧能轻易带动产品的知名度或是热销，目前国内对于影视产品的衍生品开发，已经有了相对成熟的运行机制。但目前国内美剧周边产品的开发还没起步，或正处于起步阶段。美剧相关新闻资讯内容匮乏，用户想要通过 Facebook 和 Twitter 了解明星动态往往需要"翻墙"，很不方便；而美剧中出现的一些时尚的衣服、鞋、包无法识别品牌款式，购买往往需要海淘。而人人美剧的"媒体"功能就是要满足这些需求的。目前银币兑换美剧周边产品就是一个试水的过程。

起初，有些用户是为了学英语才开始接触美剧的，但在学习英语的过程中，发现美剧的剧情各方面的质量都很高，会慢慢地喜欢上了美剧。结果发现有一个很大的美剧迷群体存在，而大家因美剧集结在一起，彼此之间很容易产生共鸣。"互联网＋影视"的核心就是不再把影视业作为一个独立的部分，而是要相互连接，共融共生。所以说当用户需求被培养起来后，这一块利润空间是巨大的。

五、模式缺陷分析

人人美剧一早就宣称要做中国第一大美剧社区，甚至按照 BBS 的形态在移动端建立了"综合社区"的服务板块，事实是，做社区比想象中要难。在百度贴吧有 11 年吧主经验的苗昊霖也坦率地说，这款产品可能在一早搭建功能模块时就低估了社区的难度。

（一）APP 技术缺陷

人人美剧 APP 自 2015 年 10 月上线已有半年，但人人美剧 APP 仍然面临着很多技术问题，其中最严重的则是在观看视频中出现的"网络状态不佳"；其次，人人美剧虽然支持缓存，但缓存完成后，如果用户再次开启APP 过程中没有登录账号，已缓存视频是不会显示的。同样缓存过程中还会出现"下载地址异常"的问题；在播放、缓存视频过程中，有时还会提示无网络，无法解析视频等问题。对于一个专攻视频观看的网站，如果不解决相关技术问题，势必影响用户观赏效果。

（二）"追剧"大于"社交"

对绝大多数剧迷们来说，回归后的人人美剧能提供在线观看无疑就是最大的福音了。他们最关心的是有没有广告、字幕体验好不好、以及最新的美剧有没有上新等问题。在 Apple Store 里关于人人美剧 APP 的评论也能佐证这一点，更多的用户对于该 APP 的评价都是美剧资源全、更新快、软件免费等。

在社区综合讨论板块中，用户的参与积极性也从侧面证实了，用户更加看重 APP 的"追剧"功能。看剧的人多，但活跃的用户却少。对于一个盈利机构来说，用户基数大，但粉丝提现难度大。想要真正落实"社交"

功能，就得建立粉丝之间的、粉丝与字幕编译人员之间的，以及美剧粉丝与明星之间互动的平台。由于字幕编译人员对美剧有很深刻的理解，也更能体会到英语文化在中文语境下的深意何在。在他们的引导下，社区将会形成一个多中心的意见市场。

六、总结

从人人影视转型过来的人人美剧，拥有庞大的用户基数，且这群人特征鲜明，而社区是很好的承载用户的形式。虽是剧迷心中的老品牌，但转型后的人人美剧面对的是一段新征程。

参考文献

［1］刘帆．美剧在中国的传播及其核心竞争力［J］．现代传播，2010（3）：153－154.

［2］王利伟．美剧的中国发展历程及流行背后的思考［J］．文学论坛，2010（1）：145.

［3］卢扬，沈艳宇．人人影视回归还有三道坎［N］．北京商报，2015－02－05（4）.

［4］卢扬，沈艳宇．射手、人人影视关停促行业洗牌［N］．北京商报，2014－11－24（4）.

［5］张静．字幕组离开，新时代到来［J］．封面故事，2015，Z1（4）：38－39.

［6］姜旭．版权问题不解决，人人美剧难获众人心［N］．中国知识产权报，2015－02－27（9）.

［7］郭佳卉．美剧在中国受众中的传播现状及问题分析［J］．东南传

播，2012（12）：149－150.

　　［8］人人影视准点变脸人人美剧 专家吐槽"从人人到没人". ［EB/OL］. ［2015－02－06］. http：//www. ce. cn/culture/gd/201502/06/t20150206 4534091. shtml. 2015－02－06.

　　［9］李雷. 从O2O到"互联网＋"，影视产业链升级是关键［EB/OL］. ［2015－04－13］. http：//www. tmtpost. com/223841. html. 2015－04－13.

　　［10］戚红娟. 从人人影视等被关停事件看新媒体发展的版权之罪与痛［J］. 传播与版权，2015（1）：178－180.

　　［11］彭卡茜. 人人美剧要做社区的生意，靠情怀是否能走成远路［EB/OL］. ［2016－02－05］ http：//www. cyzone. cn/a/20160215/290061. html.

美柚的发展策略分析

张雨梦

　　健康问题自古以来都是人类追求的重要目标之一，记录与健康相关的数据是个人以及医疗工作者判断病情的重要依据。随着科技的发展和"互联网＋"时代的到来，人类记录健康的方式也在发生着巨大的改变。二十年前，我们只能通过秒表或者跑道距离来测算自己的运动量。而今天，移动互联网的发展让实时计步成为可能，在朋友圈晒运动量成为日常。

　　本文将采用案例分析法，对女性健康类 APP——"美柚"进行研究。结合"美柚"的受众群体特征，分析其各个功能区的设置利弊。在此基础上，结合新媒体发展趋势和用户体验，就"美柚"如何能够更好地发展提出建议。

一、女性健康类 APP 的研究背景

　　根据 CNNIC（中国互联网络信息中心）的数据显示，截至 2015 年 12 月，我国网民规模达 6.88 亿，其中网民男女比例为 53.6∶46.4，网民性别结构逐渐趋向平衡。而在这些网民中，手机网民规模已经由 2014 年的 5.6 亿上升到 6.2 亿。另外，在女性社会地位提高的同时，她们在生活、工作中的压力也与日俱增，关注自身健康成为主流，女性健康类 APP 应运而生。

根据易观智库 2015 年 1 月的数据，健康领域 APP 中，垂直女性健康 APP 占到了八成。中国女性对于 APP 的需求主要分为：减肥健身、养生保健、美容整形、心理情感、生理健康、健康咨询、两性生活、孕婴、硬件/可穿戴设备九大类。美柚作为一款以女性经期管理为核心功能的 APP，在 2015 年 7 月其用户总数突破 1 亿，日活跃用户达到 500 万，成为女性健康 APP 市场的新宠。

从理论上讲，经期管理类 APP 是每个女性都需要的，它的潜在用户和市场是非常大的。但是，同样因为它是以经期管理为核心功能的 APP，就会导致用户只有在特定的时期才会需要它，用户黏性较差，盈利模式不清晰。因此，如何在确保核心功能的基础上，增加用户黏性、促进盈利成为女性健康类 APP 共同面临的问题。

二、美柚 APP 介绍

美柚是厦门美柚信息科技有限公司于 2013 年 4 月推出的一款专注于女性经期管理的健康类 APP。成立之初，美柚是一款功能较为单一的经期记载和管理软件。2013 年 9 月，美柚推出了"她她圈"社区，方便用户在 APP 发布话题内容。随后，在个人主页板块推出"密友圈"，增加了 APP 的社交属性。2015 年 7 月，美柚推出"柚子街"商城，试水社区电商领域，盈利模式日渐清晰。

（一）健康记录功能：核心功能

美柚推出的最初目的便是顺应"互联网＋健康"的潮流，帮助女性进行经期管理与分析。因此，成立之初它就是一款经期记录与管理软件。发展至今，虽然美柚的内容在不断丰富，但经期记录功能仍是它区别于一般健康类 APP、赢得初始用户的亮点。

1. 身体状况记录

作为美柚的核心功能，其对女性月经的记录项目设置总体上来说比较详细。在界面的最上方是一个月的日历表，日历上的数字以红色、粉色、绿色、紫色、黄色五种颜色分别标注了女性在一个月中的月经期、预测期、安全期、易孕期、排卵期，这样的界面设计简洁且清晰，将女性在一个月内的生理时期进行了划分，有效地帮助女性用户记录健康数据、预测各项生理指标。

在日历项目下，分别是姨妈走咯、爱爱、心情日记、体重、体温、不舒服、好习惯七项记录。因此，美柚的记录功能不仅仅局限于经期管理，更是深入到了女性生活的各个方面。这样的设计有助于增强用户对美柚的使用频率，而不仅仅只是在经期的时候才来使用。

在经期的记录项目中，还同时记录了流量和痛经程度，从而根据这三项指标来统计分析用户的健康指标，增加了数据的合理性。在爱爱、体重、体温、不舒服四个项目中，分别会出现跳转页，用于详细记录这一项指标。例如，"体重"项目会出现具体的公斤数供用户选择，然后结合用户在个人信息中所填的身高项，对用户的身材进行分析评估，给出健康建议。再比如，在"不舒服"项目中，会细分为"经期症状"和"常见症状"两项，用户根据自身身体情况进行选择，"美柚"会根据记录情况对用户的身体状况进行评估。

美柚通过分析用户所记录的数据，对用户的健康状况进行分析，并给出建议。运用这种反馈的方式，增强交互性，从而促使用户养成记录的习惯。

但是，美柚关于每一项指标的记录都是有限的，用户在记录相关数据的时候是被动地去记录，自己无法调整记录的顺序，体验上受到一定的影响。

2. 统计分析及个性化建议

健康类 APP 的另一个重要功能便是根据用户记录的相关数据，给出分析建议。这种交互性的模式，增强了用户对 APP 的黏性。

从数据展示上来看，美柚的展现方式十分简单、直观，用绿色代表优秀、黄色代表良好、红色代表略差，三种颜色向用户直观展现每一项指标的状况。

另外，美柚还将用户的健康指标与数据库中所有人的指标进行对比，直接在分析中告知用户其健康状况超越了多少人、良好的习惯养成超越了多少人等，这些符合消费者的虚荣心和好胜心，对她们是一种间接的鼓励。同时，这也会促使用户为了超越更多的人，而更加依赖这款 APP。

（二）"她她圈"社区：增加用户黏性

如果美柚单纯有经期管理记录的功能，那么，它只有在女性受众的特殊时期才会被想起，用户对 APP 的依赖程度较低。美柚在其上线的同年 9 月，便推出了"她她圈"，这个包含美食、减肥、情感、健康等话题的社区，抓住了女性用户爱分享的特点，通过 UGC 及内容加强了用户对 APP 的黏度。

1. 内容来源及类型

美柚的"她她圈"共包含十二大类，分别是推荐、购物、时尚、情感、备孕、育儿、生活、健康、居家、兴趣、御宅、其他，而每一大类下又包含 5～20 个不同的小类，内容细分程度极高。从这十二个大类中，我们可以看出，美柚照顾到了各个年龄层女性用户对于内容的需求，从"90 后"喜爱的御宅文化到孕妈妈，从文艺青年到务实派，内容的细分几乎可以涵盖女性用户的所有需求。

这种对内容的细分，一方面可以满足不同用户对 APP 的需求；另一方面，过度细分的内容会使页面过于繁杂，尤其是在一些细分种类较多的大类中，需要翻页才能查看完整细分项目，用户体验不佳。值得注意的一点是美柚对于贴吧的创建均是来自官方的，而非用户自我组织创建的。

从内容的来源上看，美柚社区的内容多数来自于UGC，这与其对用户创造内容的激励制度是密不可分的。用户创造内容虽然可以增强社区的活跃度，但是，用户的创作水平参差不齐，从而导致了"她她圈"中的部分文章缺乏科学依据，又或是内容低俗。

2. 用户激励

为了增加用户黏性，美柚还实行了用户激励制度。用户可以通过完成相应的任务，来赚取"柚币"，而"柚币"可以用来购买装备，美化其个人空间，这个设置与QQ空间的空间装备有异曲同工之处。同样，"柚币"也可以在"柚子街"直接使用，用于购买美柚商城的产品。

用户可以通过完善个人资料、每日签到、邀请好友等七项任务来赚取柚币。这些任务的设置上，都体现了美柚在一步步强化用户与APP的强联系。通过激励制度，促使用户每天使用，通过口碑传播在用户的朋友圈宣传美柚，努力创作精华内容帖。从而强化用户黏性，增强APP的吸引力。

（三）"柚子街"商城：主要盈利模式

通过"经期记录与健康分析建议"以及"她她圈"社区，美柚积累了庞大的用户后，与天猫、淘宝合作，推出了"柚子街"，通过电商使流量变现。

从商城的结构来看，"柚子街"的布局简单顺畅。横幅幻灯片推荐商品下，直接接入的便是商品列表。"柚子街"每天10点都会推出100款新品，供用户选购。

从商品的类型来看，"柚子街"的商品包含衣食住行各个方面，种类繁多，没有针对性。再加上其平铺式的商品陈列方式，会增加用户在选择商品上的困难，无法准确找到自己需要的商品。

从商品的价格上来看，"柚子街"的商品价格多集中在50元以下，价格上的优势可能会促使本无购买意愿的用户进行消费。商品价格的低廉极大地满足了中低收入用户的需求，抓住了主流用户。

如今美柚已经不仅仅是一款简单的经期记录工具了。目前，"美柚"正在向"工具＋社区＋电商"一体化的闭环模式发展。"工具"，即女性经期管理及生理状况记录，通过记录内容给出分析建议，这是美柚创建之初的核心功能，是连接用户与 APP 的强关系纽带。"社区"，即"她她圈"的女性话题贴吧，以其详细的分类吸引了拥有不同需求的用户，为增强用户黏度做出了贡献。"电商"，即"柚子街"的推出，使美柚的盈利模式日渐清晰，前期积累的庞大用户群被最大限度地开发。

三、美柚 APP 发展中存在的问题及解决方法

作为一款女性健康类 APP，美柚以其简洁的设计风格、"经期管理与分析＋内容服务＋商城"的模式赢得了广大女性用户的喜爱，下载量及活跃度高居健康类 APP 之首。但是，结合对女性健康类 APP 的受众分析，笔者认为美柚仍有诸多需要改进的地方。

从健康记录功能来说，美柚的健康记录选项虽然涵盖女性一个月内所有的生理情况记录。但是，针对每一项的具体记录却只是泛泛而谈的，单凭这些简单的数据，无法为具有特殊需求的用户提供服务。笔者认为，美柚应当丰富生理记录的相关选项，并给予用户足够的自主选择权，让用户自己决定是否需要记录规定项目以外的其他内容。

从"她她圈"社区功能来说，笔者通过对首页推送的内容进行观察发现，美柚社区的文章低俗化、标题露骨问题严重，如此下去，美柚将无法吸引高学历、高收入人群的注意。因此，笔者认为，在"她她圈"中，美柚应当做好"把关人"，引导用户生产积极、健康的内容。

从"柚子街"商城来看，美柚充当了其庞大用户群与淘宝、天猫的导购，单纯靠广告和流量变现，盈利仍然是问题。另外，"柚子街"商品的

价格多集中在 50 元以下，这便使美柚更加平民化，而那些消费水平较高的用户则会流失。笔者认为，美柚应进一步优化商城结构，以满足不同消费层次用户的需求。

参考文献

［1］宋艳丽，李盼．"互联网＋"时代：白领女性健康手机 APP 发展策略研究［J］．湖北民族学院学报，2015（5）：144－149．

［2］顾盼．孕期保健移动医疗 APP 应用研究［D］．重庆医科大学，2014．

［3］张臻．以移动互联网为平台的健康传播研究［D］．华南理工大学，2015．

［4］李亚男．女性 APP 用户界面情感设计研究［D］．湖北美术学院，2015．

［5］苏弘华．女性 APP 占比近五成深拓细分领域掘金"她经济"［N］．通信信息报，2015－01－21（B15）．